RIS, KRYDDERIER OG ALT DET LÆKRE-BIBELEN OM PAELLA

Oplev den rige arv og forskelligartede smag af Spaniens skattede ret

ELLIOT ARVIDSSON

ophavsret Materiale ©2023

Alle Rettigheder Reserveret.

Ingen en del eller det her Bestil kan være Brugt eller overført i nogen form eller ved nogen midler uden det ren skrevet samtykke eller det forlægger og ophavsret _ ejer undtagen til brev citater Brugt i -en anmeldelse. Det her Bestil bør ikke være taget i betragtning -en erstatning til medicinsk, gyldige, eller Andet professionel råd.

INDHOLDSFORTEGNELSE

INDHOLDSFORTEGNELSE 3
INTRODUKTION 6
FISK OG SKÅDSMÅD PAELLA 7
   1. Reje Couscous Paella 8
   2. Havaborre Paella 10
   3. Seafood Cheddar Paella 12
   4. Alaskan Seafood Paella 15
   5. Reje-og-chorizo-paella 17
   6. Paella med rejer og ris 19
   7. Havtaske og muslingepaella 21
   8. Hummer Paella 24
   9. Blandet skaldyr og kylling Paella 27
   10. Squid Ink Paella med fisk og skaldyr 29
   11. Paella med hummer og kammusling 31
   12. Blandet fisk og skaldyr og Chorizo Paella 33
   13. Musling og pølse Paella 35
   14. Laks og asparges Paella 37
FJERKRÆ PAELLA 39
   15. Kylling, rejer og chorizo Paella 40
   16. Trykkoger Kylling Paella med Fisk og skaldyr 43
   17. Kylling asparges Paella 45
   18. Kylling og majs Paella 48
   19. Grillet kylling, pølse og rejer Paella 50
   20. Paella med kylling og sorte bønner 52
   21. Kylling og italiensk pølse Paella 54
   22. Paellasalat med kylling og skaldyr 57
   23. Paella med kylling og limabønne 60
   24. Paella med kylling og soltørrede tomater 62
   25. Spansk kylling og muslingepaella 64
   26. Kalkun og grøntsags Paella 67
   27. And og svampe Paella 69
   28. Cornish Hen og Chorizo Paella 71
   29. Tyrkiet og skaldyr Paella 73
VILDT KØD PAELLA 75
   30. Vild- og vildsvampe Paella 76
   31. Vildsvin og Chorizo Paella 78
   32. Fasan- og grøntsagspaella 80
   33. Elg og asparges Paella 82
   34. Bison og grøntsags Paella 84
   35. Vildand og kastanjepaella 86
   36. Vagtel og Squash Paella 88
   37. Paella med vild kalkun og tranebær 90
   38. Bison and Corn Paella 92

39. Kanin og kirsebær Paella 94
40. Vagtel og svampe Paella 96
41. Kanin og grøntsags Paella 98
42. Kylling, kanin og chorizo Paella 100
PASTA PAELLA **102**
43. Paella Primavera 103
44. Pasta Paella med muslinger og krydret pølse 105
45. Spansk Nudel Paella (Fideuà) 107
46. Skaldyrpasta i paella-stil 109
47. Kylling og Chorizo Pasta Paella 111
48. Paella med grøntsager og svampe 113
49. Rejer og Chorizo Orzo Paella 115
50. Paella med kylling og grønne bønner 117
51. Penne Paella med spinat og artiskok 119
52. Grøntsags Paella med Orzo 121
53. Pølse og svampe Orzo Paella 123
54. Rejer og asparges Orzo Paella 125
KØD PAELLA **127**
55. Paella med grønne tomater og bacon 128
56. Bacon og Kimchi Paella med kylling 130
57. Oksekød og skaldyr Paella 133
58. Svinekød og Chorizo Paella 135
59. Lamme- og grøntsagspaella 137
60. Tyrkiet og skaldyr Paella 139
61. Paella med svinekød og skaldyr 141
62. Oksekød og svampe Paella 143
63. Paella af kalvekød og grønne ærter 145
64. Oksekød og Broccoli Paella 147
VEGETARISK PAELLA **149**
65. Grillet Vegetar Paella 150
66. Røget Tofu Paella 153
67. Paella med svampe og grøntsager 155
68. Majs og Peber Paella 157
69. Broccoli, Zucchini og Asparges Paella 159
70. Artiskok og nyrebønne Paella 161
71. Paella med svampe og artiskok 163
72. Spinat- og kikærtepaella 165
73. Asparges og Tomat Paella 167
74. Aubergine og Oliven Paella 169
75. Broccoli og soltørret tomat Paella 171
76. Porre og svampe Paella 173
77. Butternut Squash og Granatæble Paella 175
78. Sød kartoffel og sorte bønner Paella 177
REGIONALE VARIATIONER **179**
79. New Orleans Paella 180
80. Vestindiske Paella 183

81. Vestafrikansk Jollof Rice Paella 185
82. Paella alla Valenciana 187
83. Paella i mexicansk stil 189
84. Kystspansk Paella 191
85. Pacific Paella 193
86. Catalansk Paella 195
87. Paella i portugisisk stil 197
88. Sydvestlige Paella 200
89. Aragon Mountain Paella 203
90. Baskisk Seafood Paella (Marmitako) 205
91. Arroz a Banda - fra Alicante 207
92. Sefardisk Seafood Paella (Arroz de Pesaj) 209
FRUGTIG PAELLA 211
93. Mango og Cashew Paella 212
94. Ananas og kokos Paella 214
95. Appelsin og mandel Paella 216
96. Æble og Rosin Paella 218
97. Figen og valnød Paella 220
98. Pære og Gorgonzola Paella 222
99. Hindbær og Brie Paella 224
100. Kiwi og macadamianødde Paella 226
KONKLUSION 228

INTRODUKTION

Træd ind i paellaens livlige verden, hvor hvert riskorn fortæller en historie, og hvert krydderi bidrager til en symfoni af smag, der danser på ganen. "Ris, krydderier og alt det lækre-bibelen om paella" er ikke bare en kogebog; det er en kulinarisk rejse, der inviterer dig til at udforske den rige arv og forskelligartede smag af Spaniens elskede ret. Paella, der er dybt rodfæstet i spansk tradition, er mere end et måltid - det er en oplevelse, der samler folk omkring et fællesbord, der fremmer en fejring af livet, kærligheden og den rene fornøjelse af exceptionelt køkken.

Når vi begiver os ud på denne kulinariske ekspedition, kan du forestille os de solbeskinnede landskaber i Spanien, hvor duften af safran blander sig med havbrisen, og det rytmiske syden fra paellapander ekko gennem travle markeder og familiesammenkomster. I "Ris, krydderier og alt det lækre-bibelen om paella" dykker vi ned i hjertet af paella, afdækker dens kulturelle betydning og afdækker de hemmeligheder, der forvandler den fra en ret til et kulturelt ikon.

Denne kogebog fungerer som dit pas til at blive en paella maestro, uanset din kulinariske ekspertise. Uanset om du bruger en garvet kokkekniv eller tager dine første skridt ind i køkkenet, så slutt dig til os, mens vi udforsker historien, regionale variationer, essentielle ingredienser og madlavningsteknikker, der gør hver paella til et kulinarisk mesterværk. Her vil du ikke kun forfine dine madlavningsevner, men også fordybe dig i de livlige farver og fristende aromaer fra det autentiske spanske køkken.

Så lad rejsen ind i verden af "Ris, krydderier og alt det lækre-bibelen om paella" begynde. Fra traditionelle opskrifter, der er gået i arv gennem generationer til moderne drejninger, der flytter grænserne for smag, er denne paella-bibel din omfattende guide. Uanset om du er tiltrukket af den tidløse tiltrækning ved en valenciansk klassiker eller fristet af innovative variationer, er disse sider en skattekiste af kulinarisk inspiration, der vinker dig til at forvandle dit køkken til en spansk oase af smag.

Må dit kulinariske eventyr være lige så velsmagende og tilfredsstillende som en perfekt tilberedt paella. Her er til glæden ved at lave mad, glæden ved at opdage og det rige gobelin af smag, der venter dig i paellamesterskabets fængslende verden.

FISK OG SKÅDSMÅD PAELLA

1. Rejer Couscous Paella

INGREDIENSER:
- ½ pund udbenede, flåede kyllingebryst, skåret i ½-tommers stykker
- ¼ kop vand
- 1 (1½ ounce) dåse kyllingebouillon
- ¾ pounds mellemstore friske rejer, pillede og deveirede
- ½ kop frosne grønne ærter
- ⅓ kop hakket rød peberfrugt
- ⅓ kop tynde skiver grønne løg
- 2 fed hvidløg, hakket
- ½ tsk salt
- ¼ tsk peber
- Et skvæt malet safran
- 1 kop ukogt couscous

INSTRUKTIONER:
a) Kombiner kylling, vand og hønsebouillon i en 2-liters ildfast fad. Dæk med låg.
b) Mikroovn på høj i 4-5 minutter.
c) Rør rejerne og de næste 7 ingredienser i (ærter, rød peberfrugt, grønne løg, hvidløg, salt, peber og safran). Dæk til og mikroovn i yderligere 3½ til 4½ minutter, eller indtil rejerne bliver lyserøde og kogte.
d) Rør couscousen i, dæk til, og lad den stå i 5 minutter.

2. Havaborre Paella

INGREDIENSER:
- 5 ounce vilde ris
- 2 ounce ærter
- 1 rød peberfrugt, kernet ud og hakket
- 14 ounce tør hvidvin
- 3½ ounce kyllingefond
- 1-pund havaborrefileter, i tern
- 6 kammuslinger
- 8 rejer, pillet og udvundet
- Salt og sort peber efter smag
- Et skvæt olivenolie

INSTRUKTIONER:
a) I et varmefast fad, der passer til din airfryer, læg alle ingredienserne og vend.
b) Placer fadet i din airfryer og kog ved 380 grader F og kog i 25 minutter under omrøring halvvejs.
c) Fordel mellem tallerkener og server.

3. Fisk og skaldyr Cheddar Paella

INGREDIENSER:
- 12 små muslinger i deres skaller
- 2 pund rejer, pillet og udvundet
- 4 spsk olivenolie
- 1 spsk Smør
- 1 kop langkornet ris
- 1 tsk salt
- 1 laurbærblad
- 1 kyllingebouillonterning
- 20 fed hvidløg, finthakket
- 2 mellemstore løg, finthakket
- 2 grønne peberfrugter, finthakket
- 2 store tomater, pillede og hakkede
- ½ kop Pimiento-fyldte oliven, skåret i skiver
- 2 tsk paprika
- ⅛ tsk cayennepeber
- 1 ½ kop cheddarost, revet

INSTRUKTIONER:

a) Begynd med at vaske muslinger og rejer grundigt. Læg muslingerne i en gryde med 6 kopper vand og bring dem i kog. Tilsæt rejerne og kog over høj varme, tildækket, i 5 minutter. Fjern fra varmen, hæld skaldyrsvæsken fra for at lave 2 ¼ kopper, og sæt muslinger og rejer til side i den resterende bouillon for at holde dem varme.

b) Opvarm 2 spsk olivenolie og smørret i en 3-liters gryde. Tilsæt risene og rør rundt for at dække det godt. Tilsæt de reserverede 2 ¼ kopper væske, salt, laurbærblad og kyllingebouillonterningen. Bring i kog, reducer varmen og lad det simre under låg uden omrøring i 25 minutter.

c) Forvarm ovnen til 375°F (190°C). I mellemtiden sauterer du finthakket hvidløg, løg og grønne peberfrugter i 2 spsk varm olivenolie i en hollandsk ovn, indtil den grønne peber er mør, hvilket bør tage cirka 10 minutter. Hak tomaterne og tilsæt dem til de sauterede grøntsager sammen med oliven, paprika og cayenne. Kog i yderligere 5 minutter, hold det varmt.

d) Dræn skaldyrene og tilsæt dem sammen med de kogte ris til tomatblandingen. Rør forsigtigt for at blande ingredienserne. Overfør blandingen til en paella-pande eller en lavvandet 4-liters ildfast fad. Drys revet cheddarost over toppen.

e) Bag i den forvarmede ovn i 10-15 minutter, eller indtil osten er smeltet og boblende.

4. Alaskan Seafood Paella

INGREDIENSER:
- 213 gram rød Alaska laks på dåse
- 2 spsk olivenolie
- 1 fed hvidløg, knust
- 1 lille løg, finthakket
- 1 Porre, renset og skåret i skiver
- 100 gram langkornet ris
- 100 gram afskallede rejer
- 100 gram muslinger i lage, drænet, eller friske muslinger i skaller
- 375 ml grøntsags- eller hønsefond
- ½ citron, saftet
- ½ tsk Malet safran eller stødt gurkemeje
- 2 tomater, skrællet, fjernet fra kerner og hakket
- 10 Hele kogte rejer
- Citronskiver til pynt

INSTRUKTIONER:
a) Start med at dræne laksen på dåse, gem saften og stil den til side.
b) Opvarm olivenolien i en stor gryde, svits derefter presset hvidløg, hakket løg og skåret porrer i cirka 5 minutter, indtil de er møre.
c) Rør langkornet ris, afskallede rejer, muslinger (uanset om det er på dåse i lage eller friske i skaller), reserveret laksesaft, grøntsags- eller hønsefond, citronsaft og safran (eller gurkemeje, hvis du bruger det som erstatning). Bland det hele grundigt, bring blandingen i kog, og reducer derefter varmen til at simre. Lad det koge i 15-20 minutter, eller indtil væsken for det meste er absorberet af risene.
d) Når risene er klar, fold forsigtigt de hakkede tomater og dåselaksen i, brækket i store flager.
e) Overfør det smagfulde fad til et serveringsfad og pynt det med kogte rejer og citronskiver. Server din Alaskan skaldyrsrisret med det samme. God fornøjelse!

5. Reje-og-chorizo-paella

INGREDIENSER:
- 6 ounces tørhærdet spansk chorizo, hakket
- 1½ dl hakket gult løg
- 1 kop hakket rød peberfrugt
- 1½ kopper ukogte mellemkornede brune ris
- 3 fed hvidløg, hakket
- ½ kop tør hvidvin
- 2 kopper usaltet hønsefond
- 14½-ounce dåse ildristede tomater i tern uden tilsat salt
- 1¼ tsk kosher salt
- ½ tsk stødt gurkemeje
- 1½ pund rå rejer, pillet og udvundet
- 1½ kopper frosne søde ærter, optøet
- 2 spsk hakket frisk fladbladet persille
- 1 citron, skåret i 6 skiver

INSTRUKTIONER:
a) Opvarm en nonstick stegepande over medium; tilsæt chorizo, og kog under omrøring af og til, indtil pølsen er brunet, ca. 5 minutter. Fjern chorizoen fra gryden med en hulske, og behold dryppene i gryden; dræn chorizoen på køkkenrulle.

b) Tilføj løg og peberfrugt til de reserverede drypper i stegepanden; kog, omrør lejlighedsvis, indtil det er lidt blødt, ca. 5 minutter.

c) Tilsæt ris og hvidløg; kog, omrør ofte, indtil risene er let ristede, ca. 1 minut. Tilsæt vinen, og tag den af varmen. Hæld i en 6-quart Crockpot; rør bouillon, tomater, salt, gurkemeje og chorizo i. Dæk til og kog på HIGH indtil risene er møre og væsken er næsten absorberet i ca. 3 timer.

d) Rør rejer og ærter i; dæk og kog på HØJ, indtil rejerne bliver lyserøde, 10 til 15 minutter. Fordel blandingen mellem 6 plader; drys jævnt med persillen, og server med citronbåde.

6. rejer og ris

INGREDIENSER:
- 32 ounce frosne vildfangede rejer
- 16 ounce jasminris
- 4 ounce smør
- 4 ounce hakket frisk persille
- 2 tsk havsalt
- ½ tsk sort peber
- 2 knivspidser stødt rød peber
- 2 mellemstore citroner, juicede
- 2 knivspids safran
- 24 ounces kylling bouillon
- 8 fed hvidløg, hakket

INSTRUKTIONER:
a) Tilsæt alle ingredienserne til Instant Pot.
b) Læg rejerne ovenpå.
c) Dæk og fastgør låget. Drej dets trykudløserhåndtag til tætningsposition.
d) Kog på funktionen "Manuel" med højt tryk i 10 minutter.
e) Efter bippet, lav en Natural release i 7 minutter.
f) Fjern om nødvendigt skallerne af rejerne og tilsæt derefter rejerne til risene.
g) Rør rundt og server varmt.

7. Havtaske og muslingepaella

INGREDIENSER:
- 1 kilo friske muslinger
- 150 ml tør hvidvin eller vand
- En knivspids safran tråde
- 900 ml varm fiskefond
- 6 spsk olivenolie
- 1 kilo havtaskefileter, skåret i stykker
- 1 løg, hakket
- 2 fed hvidløg, knust
- 1 dåse (185 g) røde peberfrugter, skåret i strimler
- 2 store modne tomater, groft hakkede
- 350 gram Valencia eller risotto ris
- Salt og peber
- 100 gram kogte ærter
- Citronbåde og hakket frisk persille til pynt

INSTRUKTIONER:
a) Skrub muslingerne og skyl dem i koldt vand, og kasser dem med knækkede eller åbne skaller. Læg dem i en stor gryde med hvidvin eller vand og kog ved høj varme i 3-4 minutter, ryst gryden af og til, indtil muslingerne åbner sig. Dræn dem i et dørslag over en skål for at opsamle kogevæsken. Kassér eventuelle muslinger, der forbliver lukkede.
b) Kom safran i en lille skål og hæld 2-3 spsk af den varme fiskefond over. Lad trække i 20 minutter.
c) Varm olivenolien op i en stor stegepande og steg havtaske i 5 minutter. Fjern havtaske med en hulske og stil den til side.
d) Tilsæt det hakkede løg, presset hvidløg og pimentstrimler til gryden og steg i 10 minutter ved høj varme. Tilsæt de groft hakkede tomater og steg i yderligere 5 minutter, eller indtil blandingen tykner.
e) Rør risene i, indtil de er belagt med løgblandingen. Kom havtaske tilbage i gryden, og hæld derefter fiskefonden, den silede muslingekogevæske, safran og krydderier i. Kog hurtigt i et par minutter, sænk derefter varmen og kog i 15-20 minutter uden omrøring, til ris og fisk er møre.
f) Fjern de fleste af muslingerne fra deres skaller, og lad nogle få tilbage i skallerne.
g) Tilsæt de afskallede muslinger og kogte ærter til risene. Rør rundt og tilsæt evt mere bouillon.
h) Sluk for varmen, dæk med et viskestykke, og lad det stå i 3-4 minutter.
i) Server paellaen med det samme, pyntet med de reserverede muslinger i skaller, citronbåde og hakket frisk persille.

8. Hummer Paella

INGREDIENSER:

- ¼ kop god olivenolie
- 1 ½ kopper hakket gult løg (2 løg)
- 2 røde peberfrugter, udkernede og skåret i ½-tommers strimler
- 2 spsk hakket hvidløg (4 til 6 fed)
- 2 kopper hvid basmatiris
- 5 dl god hønsefond, gerne hjemmelavet
- ½ tsk safran tråde, knust
- ¼ tsk knuste røde peberflager
- 1 spsk kosher salt
- 1 tsk friskkværnet sort peber
- ⅓ kop likør med lakridssmag (anbefalet: Pernod)
- 1½ pund kogt hummerkød
- 1 pund kielbasa, skåret ¼ til ½ tomme tykke
- 1 (10-ounce) pakke frosne ærter
- 1 spsk hakket friske fladbladede persilleblade
- 2 citroner, skåret i tern

INSTRUKTIONER:
a) Forvarm ovnen til 425 grader F (220 grader C).
b) I en stor ovnfast hollandsk ovn opvarmes olivenolien over medium-lav varme. Tilsæt de hakkede løg og steg i cirka 5 minutter under omrøring af og til.
c) Tilsæt de røde peberfrugter og kog over medium varme i yderligere 5 minutter.
d) Skru ned for varmen, tilsæt det hakkede hvidløg og steg i 1 minut mere.
e) Rør de hvide basmatiris, hønsefond, knuste safranetråde, knuste røde peberflager, kosher salt og friskkværnet sort peber i. Bring blandingen i kog.
f) Dæk gryden til og sæt den i den forvarmede ovn. Efter 15 minutter skal du forsigtigt røre risene med en træske og sætte dem tilbage i ovnen for at bage uden låg i yderligere 10 til 15 minutter, eller indtil risene er helt kogte og har absorberet væsken.
g) Flyt paellaen tilbage til komfuret og tilsæt likøren med lakridssmag. Kog paellaen ved middel varme i 1 minut, så likøren kan absorberes af risene.
h) Sluk for varmen og tilsæt det kogte hummerkød, kielbasa og frosne ærter. Rør forsigtigt for at kombinere.
i) Dæk paellaen til og lad den dampe i 10 minutter.
j) Drys med hakket frisk fladbladet persille og pynt med citronbåde.

9. Blandet skaldyr og kylling Paella

INGREDIENSER:
- 2 kopper paella ris
- 1/2 pund kyllingelår, udbenet og uden skind, i tern
- 1/2 pund blandet skaldyr (muslinger, rejer, blæksprutte)
- 1 løg, finthakket
- 3 fed hvidløg, hakket
- 1 rød peberfrugt, skåret i skiver
- 1 tomat, hakket
- 4 kopper hønsebouillon
- 1 tsk røget paprika
- 1/2 tsk safran tråde
- Salt og peber efter smag
- 1/4 kop olivenolie

INSTRUKTIONER:
a) I en paellapande opvarmes olivenolie ved middel varme. Tilsæt kylling i tern og steg indtil brunet.
b) Tilsæt hakkede løg og hvidløg; sauter indtil de er bløde.
c) Rør paellaris i, dæk dem i olien og bland med kyllingen.
d) Tilsæt røget paprika, safranetråde og hakkede tomater. Hæld i hønsebouillon.
e) Anret blandet skaldyr over risene og kog indtil risene er næsten færdige.
f) Smag til med salt og peber. Dæk gryden til og lad det simre, indtil risene er gennemstegte.
g) Serveres varm.

10. Squid Ink Paella med Fisk og skaldyr

INGREDIENSER:
- 2 kopper kortkornet ris
- 1/2 pund blæksprutte, renset og skåret i skiver
- 1/2 pund store rejer, pillede og deveirede
- 1 løg, finthakket
- 3 fed hvidløg, hakket
- 1 rød peberfrugt, skåret i skiver
- 2 tomater, revet
- 4 kopper fiske- eller skaldyrsbouillon
- 2 tsk blækspruttebæk
- 1/2 kop tør hvidvin
- Salt og peber efter smag
- 1/4 kop olivenolie

INSTRUKTIONER:
a) I en paellapande opvarmes olivenolie ved middel varme. Tilsæt hakkede løg og hvidløg; sauter indtil de er gennemsigtige.
b) Tilsæt skåret blæksprutte og rejer; kog indtil fisk og skaldyr er let brunet.
c) Rør kortkornet ris i, overtræk det med olien og bland med fisk og skaldyr.
d) Tilsæt revne tomater, skåret rød peberfrugt og blækspruttebæk. Hæld fiske- eller skaldyrsbouillon og hvidvin i.
e) Smag til med salt og peber. Kog til risene er næsten færdige.
f) Dæk gryden til og lad det simre, indtil risene er gennemstegte.
g) Serveres varm.

11. Paella med hummer og kammusling

INGREDIENSER:
- 2 kopper Valencia ris
- 1 hummer, kogt og skåret i stykker
- 1/2 pund havmuslinger
- 1 løg, finthakket
- 3 fed hvidløg, hakket
- 1 gul peberfrugt, skåret i skiver
- 1 kop cherrytomater, halveret
- 4 kopper fiske- eller skaldyrsbouillon
- 1 tsk sød paprika
- En knivspids safran tråde
- Salt og peber efter smag
- 1/4 kop olivenolie

INSTRUKTIONER:

a) I en paellapande opvarmes olivenolie ved middel varme. Tilsæt hakkede løg og hvidløg; sauter indtil de er bløde.

b) Tilsæt Valencia-ris, under omrøring for at belægge risen i olien.

c) Rør sød paprika og safran tråde i. Tilsæt gul peberfrugt og cherrytomater.

d) Hæld i fiske- eller skaldyrsbouillon. Smag til med salt og peber.

e) Arranger hummerstykker og havmuslinger over risene. Kog til risene er næsten færdige.

f) Dæk gryden til og lad det simre, indtil risene er gennemstegte.

g) Serveres varm.

12. Blandet skaldyr og chorizo paella

INGREDIENSER:
- 2 kopper Calasparra ris
- 1/2 pund blandet skaldyr (muslinger, muslinger, rejer)
- 1/2 pund chorizo-pølse, skåret i skiver
- 1 løg, finthakket
- 3 fed hvidløg, hakket
- 1 grøn peberfrugt, skåret i skiver
- 1 kop knuste tomater
- 4 kopper kylling eller fiskebouillon
- 1 tsk røget paprika
- Salt og peber efter smag
- 1/4 kop olivenolie

INSTRUKTIONER:
a) I en paellapande opvarmes olivenolie ved middel varme. Tilsæt hakkede løg og hvidløg; sauter indtil de er gennemsigtige.
b) Tilsæt skiver chorizo og kog indtil de er brune.
c) Rør Calasparra-ris i, dæk dem i olien og bland med chorizoen.
d) Tilsæt knuste tomater og skåret grøn peberfrugt. Hæld i kyllinge- eller fiskebouillon.
e) Smag til med røget paprika, salt og peber.
f) Anret blandet skaldyr over risene og kog indtil risene er næsten færdige.
g) Dæk gryden til og lad det simre, indtil risene er gennemstegte.
h) Serveres varm.

13. Paella med musling og pølse

INGREDIENSER:
- 2 kopper mellemkornet ris
- 1 pund lille halsmuslinger, renset
- 1/2 pund spansk chorizo, skåret i skiver
- 1 løg, finthakket
- 3 fed hvidløg, hakket
- 1 gul peberfrugt i tern
- 1 kop tør hvidvin
- 4 kopper kylling eller fiskebouillon
- 1 tsk paprika
- En knivspids safran tråde
- Salt og peber efter smag
- 1/4 kop olivenolie

INSTRUKTIONER:
a) I en paellapande opvarmes olivenolie ved middel varme. Tilsæt hakkede løg og hvidløg; sauter indtil de er bløde.
b) Tilsæt skiver chorizo og kog indtil de er brune.
c) Rør mellemkornet ris i, overtræk det med olien og bland med chorizoen.
d) Tilsæt gul peberfrugt i tern. Hæld tør hvidvin og kyllinge- eller fiskebouillon i.
e) Smag til med paprika, safranetråde, salt og peber.
f) Anret rensede lillehalsmuslinger over risene og kog indtil risene er næsten færdige.
g) Dæk gryden til og lad det simre, indtil risene er gennemstegte.
h) Serveres varm.

14. Laks og asparges Paella

INGREDIENSER:
- 2 kopper kortkornet ris
- 1 pund laksefileter, skåret i stykker
- 1/2 pund asparges, trimmet og skåret i stykker
- 1 løg, finthakket
- 3 fed hvidløg, hakket
- 1 rød peberfrugt, skåret i skiver
- 1 kop cherrytomater, halveret
- 4 kopper fiske- eller grøntsagsbouillon
- 1 tsk røget paprika
- En knivspids safran tråde
- Salt og peber efter smag
- 1/4 kop olivenolie

INSTRUKTIONER:
a) I en paellapande opvarmes olivenolie ved middel varme. Tilsæt hakkede løg og hvidløg; sauter indtil de er bløde.
b) Tilsæt kortkornede ris under omrøring for at belægge risen i olien.
c) Rør røget paprika og safran tråde i. Tilsæt rød peberfrugt og cherrytomater.
d) Hæld i fiske- eller grøntsagsbouillon. Smag til med salt og peber.
e) Anret laksestykker og asparges over risene. Kog til risene er næsten færdige.
f) Dæk gryden til og lad det simre, indtil risene er gennemstegte.
g) Serveres varm.

FJERKRÆ PAELLA

15. Kylling, rejer og chorizo paella

INGREDIENSER:
- ½ tsk safran tråde, knust
- 2 spsk olivenolie
- 1 pund skindfri, udbenet kyllingelår, skåret i 2-tommers stykker
- 4 ounce kogt, røget spansk chorizo-pølse, skåret i skiver
- 1 mellemstor løg, hakket
- 4 fed hvidløg, hakket
- 1 kop groft revne tomater
- 1 spsk røget sød paprika
- 6 kopper reduceret natrium kyllingebouillon
- 2 kopper kortkornet spansk ris, såsom Bomba, Calasparra eller Valencia
- 12 store rejer, pillede og deveirede
- 8 ounce frosne ærter, optøet
- Hakkede grønne oliven (valgfrit)
- Hakket italiensk persille

INSTRUKTIONER:
a) I en lille skål kombineres safran og ¼ kop varmt vand; lad stå i 10 minutter.
b) I mellemtiden opvarmes olien i en 15-tommer paellapande over medium-høj varme. Tilføj kylling til panden. Kog, vend lejlighedsvis, indtil kyllingen er brunet, cirka 5 minutter.
c) Tilsæt chorizo. Kog 1 minut mere. Overfør det hele til en tallerken.
d) Tilsæt løg og hvidløg til gryden. Kog og rør i 2 minutter. Tilsæt tomater og paprika. Kog og rør i 5 minutter mere, eller indtil tomaterne er tykne og næsten pastaagtige.
e) Kom kylling og chorizo i gryden. Tilsæt kyllingebouillon, safranblanding og ½ tsk salt; bring det i kog ved høj varme.
f) Tilsæt ris til gryden, rør en gang for at fordele dem jævnt. Kog uden omrøring, indtil risen har absorberet det meste af væsken, cirka 12 minutter. (Hvis din gryde er større end din brænder, drej med få minutters mellemrum for at sikre, at risene koger jævnt.)
g) Reducer varmen til lav. Kog uden omrøring i 5 til 10 minutter mere, indtil al væsken er absorberet, og risene er al dente. Top med rejer og ærter.
h) Skru varmen til høj. Kog uden omrøring i 1 til 2 minutter mere (kanterne skal se tørre ud, og der skal dannes en skorpe på bunden). Fjerne. Dæk panden med folie.
i) Lad hvile i 10 minutter før servering. Top med oliven, hvis det ønskes, og persille.

16. Trykkoger Kylling Paella med Fisk og skaldyr

INGREDIENSER:
- 1½ pund kyllingedele, flået, skåret i 2-tommers stykker
- ½ tsk salt (delt)
- ¼ tsk hvid peber
- 1 spsk olivenolie
- ½ kop hakkede løg
- 2 fed hvidløg, hakket
- 1 mellemstor grøn peberfrugt, skåret i 1-tommers firkanter
- 1 kop knuste dåsetomater
- 4 ounce langkornet ris, ubehandlet
- ¾ kop vand
- 1 pakke instant kyllingebouillon og krydderblanding
- ¼ tsk merian
- ⅛ tsk hel safran (valgfrit)
- 5 ounces afskallede og deveirede rejer
- 12 små muslinger i skallen, skrubbede, eller 4 ounce hakkede muslinger (på dåse), drænet

INSTRUKTIONER:
a) Drys kyllingestykkerne med ¼ tsk salt og hvid peber. Sæt til side.
b) Opvarm olivenolien i en 4-quart trykkoger. Tilsæt de hakkede løg og hakket hvidløg og svits i 2 minutter.
c) Tilsæt kyllingen og fortsæt med at sautere i 3 minutter længere.
d) Rør grøn peber, knuste tomater og ris i.
e) Tilsæt vand, instant kyllingebouillonblanding, merian og safran (hvis det ønskes). Tilsæt også den resterende ¼ teskefuld salt. Rør for at kombinere.
f) Luk trykkogerens låg forsvarligt. Sæt trykregulatoren fast på udluftningsrøret og opvarm indtil regulatoren begynder at vippe forsigtigt.
g) Kog ved 15 pund tryk i 5 minutter.
h) Hold trykkogeren under rindende koldt vand for at få trykket ned.
i) Fjern låget og rør rejer og muslinger i risblandingen.
j) Luk komfuret igen og kog ved 15 pund tryk i yderligere 3 minutter.
k) Sænk trykket under rindende koldt vand.
l) Brug en gaffel til at lufte risene inden servering.

17. Kylling asparges Paella

INGREDIENSER:
- ¾ pund asparges
- 1 pund kyllingekød i tern
- ⅛ teskefuld peber
- 2 spiseskefulde olivenolie
- Stort løg
- Hvidvin (tør)
- 1 ½ kop ris (langkornet)
- ½ kop Pimiento eller stegt rød klokke
- 1 kop vand
- ¾ kop søde ærter
- ¾ pund broccoli
- ⅛ tsk salt
- 3 spiseskefulde mel
- ½ pund Zucchini, skåret ½ tomme
- 1 fed hvidløg, presset
- 1 pund tomater, kotelet, frø, skind
- 1 knivspids Cayenne
- 1 kop kyllingebouillon (14 ½ ounce)
- ½ tsk safran

INSTRUKTIONER:

a) Klip af og kassér de seje ender af aspargesene. Skær spidserne af i 2-tommer længder og sæt til side. Skær stilkene i ¼-tommer tykke skiver. Skær broccolibuketter af og stil til side med aspargesspidser. Skræl stilkene, kvarte på langs, og skær dem i stykker på samme størrelse som aspargesskiver.

b) Kog skåret asparges og broccoli i en gryde med kogende vand i 3 minutter, eller indtil de knapt er møre. Dræn og sæt til side.

c) Drys kylling med salt og peber. Rul i mel og skyg overskydende af. Opvarm 1 spsk af olien i en bred slip-let stegepande over medium-høj varme.

d) Tilsæt kylling og steg i 3 minutter på hver side eller indtil let brunet. Fjern kyllingen fra panden og stil til side.

e) Tilsæt den resterende spiseskefuld olie til gryden. Tilsæt zucchini og kog over medium-høj varme i 4 eller 5 minutter eller indtil let brunet. Fjern fra panden med en hulske og stil til side.

f) Tilsæt løg og hvidløg til gryden. Rør en gang, og tilsæt vin. Dæk derefter til og kog ved svag varme i 10 minutter, eller indtil løget er blødt og væsken er absorberet. Rør tomater i og kog uden låg i 4 minutter. Rør ris og cayenne i.

g) Overfør risblandingen til en bred lavvandet 4-quart gryde. Tilsæt blancherede asparges og broccoli, kylling, zucchini og ristet peberfrugt. På dette tidspunkt kan du dække til og afkøle i op til 8 timer

h) I en gryde bringes hønsebouillon og vand i kog. Rør safran i. Hæld risblandingen over. Dæk gryden tæt med folie. Bages i en forvarmet 350 F ovn i 40 minutter. Tilsæt ærterne og rør forsigtigt i risene med to gafler. Dæk til og bag i 10 eller 15 minutter mere, eller indtil risene er møre og al væske er absorberet.

i) Når risene er færdige, koges aspargesspidser og broccolibuketter i en gryde med kogende vand i 4 minutter, eller indtil de knapt er møre. Dræn og anret som pynt ovenpå ris.

18. Kylling og majs Paella

INGREDIENSER:
- 2 kopper Bomba ris
- 1 pund kyllingebryst, udbenet og uden skind, skåret i stykker
- 1 løg, finthakket
- 3 fed hvidløg, hakket
- 1 kop majskerner
- 1 gul peberfrugt, skåret i skiver
- 4 kopper hønsebouillon
- 1 tsk paprika
- En knivspids safran tråde
- Salt og peber efter smag
- 1/4 kop olivenolie

INSTRUKTIONER:
a) I en paellapande opvarmes olivenolie ved middel varme. Tilsæt hakkede løg og hvidløg; sauter indtil de er bløde.
b) Tilsæt kyllingestykker og steg, indtil de er brune.
c) Rør Bomba-ris i, dæk dem i olien og bland med kyllingen.
d) Tilsæt majskerner og skåret gul peberfrugt. Hæld i hønsebouillon.
e) Smag til med paprika, safranetråde, salt og peber.
f) Kog til risene er næsten færdige. Dæk gryden til og lad det simre, indtil risene er gennemstegte.
g) Serveres varm.

19. Grillet kylling, pølse og rejepaella

INGREDIENSER:
- 2 pund kyllingevinger eller -lår
- 2 spiseskefulde plus ¼ kop ekstra jomfru olivenolie, delt
- Salt og sort peber efter smag
- 1 pund hvidløgspølse tilbage
- 1 stort løg, hakket
- 2 store røde peberfrugter, frøet og skåret i tynde strimler
- 4 fed hvidløg, hakket
- 1 dåse (14 ounce) tomater i tern, udrænet
- 4 kopper ukogte ris
- ¾ pund kyllingevinger
- ½ pund Store rejer, pillede og deveirede, med intakte haler
- 1½ dl frosne ærter
- 1 dåse (14 ounce) kyllingebouillon
- 2 citroner, skåret i tern
- 2 ovale engangsfoliepander (17x13x3")

INSTRUKTIONER:

a) Pensl kyllingen med 2 spsk olivenolie og krydr med salt og sort peber.

b) Grill kyllingen og pølsen på en overdækket grill over mellemvarme kul i 15 til 20 minutter, eller indtil kyllingesaften er klar, og pølsen ikke længere er lyserød. Vend dem hvert 5. minut. Efter grillning skæres pølsen i 2-tommers stykker.

c) Opvarm den resterende ¼ kop olie i en stor stegepande over medium-høj varme. Tilsæt hakket løg, peberfrugt og hakket hvidløg. Kog og rør rundt i cirka 5 minutter, eller indtil grøntsagerne er møre.

d) Tilsæt de udrænede tomater i tern, 1 ½ tsk salt og ½ tsk sort peber. Kog i cirka 8 minutter, indtil blandingen tykner, under jævnlig omrøring.

e) Kombiner løgblandingen og ris i en af foliepanderne, fordel det jævnt. Arranger den grillede kylling, pølse, skaldyr og ærter over risene.

f) I en 3-liters gryde bringes kyllingebouillonen og 6 kopper vand i kog. Placer foliepanden med ris og andre ingredienser på grillen over mellemgrøn. Hæld straks den kogende bouillonblanding over risene.

g) Grill paellaen på den overdækkede grill i cirka 20 minutter, indtil væsken er absorberet. Rør ikke. Dæk med folie og lad det stå i 10 minutter.

h) Pynt med citronbåde og server.

20. Paella med kylling og sorte bønner

INGREDIENSER:
- 1 pakke (7,25 ounce) Rice-a-Roni - Rice Pilaf
- ¾ pund Udbenede, skindfrie kyllingebrysthalvdele, skåret i tynde skiver
- 1 kop hakket løg
- 2 fed hvidløg, hakket
- ¾ teskefuld stødt gurkemeje
- ⅛ til ¼ teskefuld varm pebersauce
- 1 dåse (15 ounce) sorte bønner, drænet og skyllet
- 1½ dl frosne ærter
- 1 mellemstor tomat, kernet og hakket

INSTRUKTIONER:
a) Sauter ris-vermicelli-blandingen i en stor stegepande som anvist på pakken. Rør 2 kopper vand, kyllingen (eller svinekødet), hakket løg, hakket hvidløg, stødt gurkemeje, varm pebersauce og indholdet af krydderipakken i. Bring blandingen i kog ved høj varme.
b) Dæk gryden til og reducer varmen til lav. Lad det simre i 8 minutter.
c) Rør de afdryppede og skyllede sorte bønner og de frosne ærter i. Læg låg på og lad det simre i yderligere 7-10 minutter, eller indtil det meste af væsken er absorberet.
d) Rør til sidst den hakkede tomat i.

21. Kylling og italiensk pølse Paella

INGREDIENSER:
- 2 kyllingelår, skind på, brunede
- 2 kyllingelår, skind på, brunet
- 3 store stykker italiensk pølse tilbage, brunet og skåret i 1-tommers stykker
- 1 rød og gul peberfrugt, skåret i strimler og forristet
- 1 bundt babybroccolini, forkogt
- 1½ kopper ris, en kort korn som carnaroli eller arborio
- 4 kopper hønsebouillon, opvarmet
- 1 kop ristet rød peberpuré
- ¼ kop tør hvidvin
- 1 mellemstor løg, i store tern
- 4 store fed hvidløg, barberet
- revet parmesan eller romano ost
- olivenolie

INSTRUKTIONER:

a) Start med at brune dine kyllingestykker i en paellapande, få en god skorpe på begge sider, og næsten koge igennem, men ikke helt, og sæt så til side.
b) Tør overskydende olie væk fra panden, og tør derefter overskydende olie væk fra pølsen.
c) Dryp olivenolie i en stor stegepande, tilsæt derefter dine barberede hvidløg og løg, og sauter indtil de er bløde og gyldne.
d) Tilsæt vinen og lad det simre et minuts tid.
e) Kombiner alle risene med halvdelen af din røde peberpuré eller lidt mere. Vend til det er jævnt dækket, og tryk derefter risblandingen ned i grydens bund.
f) Tilsæt lidt revet ost, salt og peber til risene.
g) Arranger pølsestykkerne, sammen med kyllingestykkerne, rundt om panden.
h) Arranger de resterende grøntsager rundt om kødet kreativt.
i) Hæld alle 4 kopper varm bouillon ovenpå med forsigtighed.
j) Brug en wienerbrødsbørste til at pensle ekstra rød peberpuré på toppen af kyllingen for at få mere smag, og prik lidt mere rundt om det ønskes.
k) Kog ved lav varme, løst dækket med folie, indtil fugten er fordampet.
l) Forvarm ovnen til 375°F og bag den tildækkede pande i 15-20 minutter for at sikre, at kødet er gennemstegt.
m) Fortsæt med at koge oven på komfuret, indtil risene er møre.
n) Hele tiden skal være omkring 45 minutter.
o) Stil den til side i et par minutter til afkøling.
p) Pynt med frisk basilikum og persille, hakket.

22. Paella salat med kylling og skaldyr

INGREDIENSER:
TIL RISEN:
- 3 spsk olivenolie af bedste kvalitet
- 3 store fed hvidløg, hakket
- 1 lille løg, finthakket
- 2 kopper langkornet ris
- 4 ½ dl hønsebouillon
- ¼ tsk pulveriseret safran eller 1 tsk safran tråde
- ½ tsk gurkemeje
- ½ tsk tørret timian

TIL VINAIGRETEN:
- ⅔ kop olivenolie
- 2 spsk rødvinseddike
- 1 stort fed hvidløg, hakket
- ¼ kop finthakket frisk persille
- Salt, efter smag
- Masser af friskkværnet sort peber

TIL SALATEN:
- 1 helt kogt kyllingebryst, flået, udbenet og skåret i mundrette stykker
- 12 kogte rejer, pillede og deveirede
- ½ pund kogt chorizo, skåret i skiver
- 1 stor rød peberfrugt, kernet og hakket
- 1 stor moden tomat, kernet og hakket
- 14 ounce artiskokhjerter på dåse, drænet og skåret i skiver
- 1 kop friske eller frosne ærter
- 6 hele spidskål, finthakket
- ¼ kop hakket frisk persille
- 14 Kalamata oliven, udstenede og halveret

INSTRUKTIONER:

a) Opvarm 3 spiseskefulde olivenolie i en tung 4 ½ liter gryde. Tilsæt hakket hvidløg og løg og steg indtil de er møre, cirka 2 minutter.
b) Tilsæt risene og rør rundt, så de dækkes med olien.
c) Tilsæt kyllingebouillon, safran (enten pulveriserede eller smuldrede tråde), gurkemeje og tørret timian. Dæk til og bring i kog. Skru ned for varmen og lad det simre indtil vandet er absorberet, hvilket tager cirka 25 minutter.
d) Overfør de kogte ris til en stor skål og lad dem køle af til stuetemperatur.
e) I en lille skål kombineres ⅔ kop olivenolie, rødvinseddike, hakket hvidløg, persille, salt og masser af friskkværnet sort peber for at lave vinaigretten.
f) Tilsæt kylling, rejer, chorizo i skiver, hakket rød peberfrugt, hakket tomat, snittede artiskokhjerter, ærter, finthakket spidskål, hakket persille og halverede Kalamata-oliven til de afkølede ris.
g) Rør for at kombinere, og tilsæt derefter nok vinaigrette til let at dække alle ingredienserne. Rør forsigtigt for at inkorporere.
h) Smag på salaten og juster eventuelt krydderierne.
i) Stil Paella-salaten på køl, indtil du skal servere.

23. med kylling og limabønne

INGREDIENSER:

- 2 spsk olivenolie (gerne ekstra jomfru)
- 2 ½ kopper hakkede rødløg (ca. 2 mellemstore)
- 1 ounce finthakket røget skinke (små ¼ kop)
- 4 spsk hakket frisk timian eller 1 ½ spsk tørret
- 3 store laurbærblade
- 8 ounce skindfri udbenet kyllingelår, fedt trimmet, skåret i 1-tommers stykker
- 3 kopper frosne baby lima bønner (ca. 1 pund)
- 1 dåse tomater i italiensk stil, skåret i stykker, med saft reserveret (16 ounce)
- 6 fed hvidløg, hakket

INSTRUKTIONER:

a) Opvarm 2 spiseskefulde olivenolie i en stor nonstick-gryde over medium-høj varme.
b) Tilsæt de hakkede rødløg, finthakket røget skinke, hakket frisk timian og laurbærblade til stegepanden. Sauter indtil løgene er møre og gyldne, hvilket skal tage cirka 8 minutter.
c) Tilsæt kyllingestykkerne, frosne baby lima bønner, italienske tomater med deres juice og hakket hvidløgsfed. Bring blandingen i kog.
d) Reducer varmen til medium-lav, læg låg på og lad det simre, indtil kyllingestykkerne er gennemstegte og limabønnerne er møre, cirka 25 minutter. Kassér laurbærbladene.
e) Smag blandingen til med salt og peber.
f) Overfør paellaen til en stor serveringsskål, drys med den resterende 1 spsk hakket frisk timian, og server.

24. Paella med kylling og soltørrede tomater

INGREDIENSER:

- 1½ spsk olivenolie
- 6 kyllingelår, skind på
- 1 ¼ kopper hakket løg
- 1 kop grøn peberfrugt, fintrevet
- 2 store fed hvidløg, hakket
- 1 ½ kop langkornet ris, ukogte
- 3 kopper hønsefond
- 14 ½-ounce dåse hele tomater, skrællede
- 1½ dl soltørrede tomater, halveret
- 1 kop tør hvidvin
- 1 spsk frisk oregano, hakket (eller 1 tsk tørret oregano)
- 1 spsk frisk timian, hakket (eller 1 tsk tørret timian)
- ¼ tsk rød peberflager (eller ½ tsk hvis du kan lide det mere krydret)
- 1 ½ pund muslinger og/eller muslinger, skrubbet
- ¾ pund mellemstore rejer, pillede
- 1 kop frosne ærter, optøet
- Salt og peber efter smag

INSTRUKTIONER:

a) Opvarm olivenolie i en hollandsk ovn eller stor stegepande. Tilsæt kyllingelårene og sauter indtil de er brune på alle sider, cirka 10 minutter. Fjern kyllingen og stil den til side.

b) Tilsæt det hakkede løg, grøn peberfrugt og hakket hvidløg i samme gryde. Sauter under omrøring i cirka 3 minutter.

c) Tilsæt de ukogte langkornede ris, kyllingebouillon, hele tomater på dåse, soltørrede tomater, hvidvin, frisk oregano (eller tørret oregano), frisk timian (eller tørret timian) og flager af rød peber. Bring blandingen i kog.

d) Dæk gryden til og lad det simre i cirka 20 minutter, eller indtil det meste af væsken næsten er absorberet.

e) Rør muslingerne og/eller muslingerne i og kog i cirka 6 minutter, eller indtil skallerne begynder at åbne sig.

f) Tilsæt pillede rejer og optøede frosne ærter. Kog i yderligere 2 til 3 minutter, eller indtil rejerne er uigennemsigtige, og alle muslinge- eller muslingeskallerne har åbnet sig.

g) Smag til med salt og peber efter smag.

25. Spansk kylling og muslingepaella

INGREDIENSER:
- 2 spsk olivenolie
- 1 kop gult løg, hakket (1 medium)
- 1 rød eller grøn peberfrugt, udkernet, frøet og skåret i strimler
- 1 kop frøet og hakket tomat (en 1-pund dåse)
- 1 tsk tørret timian og basilikum, smuldret
- 1 tsk spidskommen frø
- 1 laurbærblad
- 1 spsk hakket hvidløg
- 2½ pund kylling, skåret i 10 portionsstykker (eller 6 kyllingelår, adskilt i underlår og lår, op til 3 pund)
- Salt og peber
- 2 spsk olivenolie
- ½ pund chorizo eller spansk pølse, skåret på tværs i skiver (eller røget skinke, i tern, ca. 3 led)
- 4½ kopper kyllingebouillon (op til 4 kopper)
- ¼ teskefuld malet safran eller gurkemeje
- 3 kopper langkornet ris
- 1 pund muslinger, skrubbet godt, skæg fjernet og skyllet
- 1 kop friske eller frosne ærter, optøet
- Hakket frisk koriander eller persille til pynt
- Citronbåde til pynt

INSTRUKTIONER:
TIL SOFRITOEN:
a) Lav sofritoen: Varm 2 spsk olivenolie i en stegepande.
b) Tilsæt hakket løg og peberfrugt og steg indtil det er blødt, cirka 2 minutter.
c) Tilsæt de hakkede tomater, tørret timian, basilikum, spidskommen, laurbærblad og hakket hvidløg. Smag til med salt og peber. Kog blandingen i 5 til 7 minutter, eller indtil næsten al væsken er fordampet. Læg det til side.

SAMLER PAELLAEN:
d) Dup kyllingen tør og krydr den med salt og peber.
e) I en stor dyb ovnfast gryde varmes olien op ved moderat høj varme, indtil den er varm.
f) Tilføj kyllingen til gryden og steg den i 7 til 10 minutter på hver side, eller indtil den er brunet. Overfør kyllingen til en tallerken.
g) Kom pølsen eller skinken i gryden, kog den, mens du rører den, indtil den er let brunet, og overfør den med en hulske til pladen.
h) Forvarm ovnen til 400 grader.
i) I en gryde bringes bouillonen til at simre ved moderat høj varme, tilsæt safran eller gurkemeje, og lad blandingen trække i 5 minutter.
j) Arranger ris, kylling, pølse eller skinke og sofrito i en 14-tommer paellapande eller en stor dyb ovnfast stegepande.
k) Tilsæt den tilberedte bouillon, bring væsken til at simre ved høj varme under omrøring, og tag straks gryden af varmen.
l) Arranger muslingerne i gryden og bag paellaen i bunden af ovnen i 25 minutter. Rør ikke i paellaen under tilberedningen. Hvis blandingen bliver tør, tilsæt den ekstra bouillon.
m) Tilsæt ærterne og bag paellaen i 10 minutter mere, eller indtil væsken er absorberet, og muslingerne har åbnet sig.
n) Lad paellaen stå, dækket med et viskestykke, i 5 minutter før servering.
o) Server paellaen i fadet, pyntet med koriander og citronbåde.

26. Paella med kalkun og grøntsager

INGREDIENSER:
- 2 kopper Arborio ris
- 1 pund malet kalkun
- 1 løg, finthakket
- 3 fed hvidløg, hakket
- 1 grøn peberfrugt i tern
- 1 zucchini, skåret i skiver
- 1 kop cherrytomater, halveret
- 4 kopper hønsebouillon
- 1 tsk paprika
- En knivspids safran tråde
- Salt og peber efter smag
- 1/4 kop olivenolie

INSTRUKTIONER:
a) I en paellapande opvarmes olivenolie ved middel varme. Tilsæt hakkede løg og hvidløg; sauter indtil de er bløde.
b) Tilsæt malet kalkun og kog indtil brunet.
c) Rør Arborio-ris i, dæk dem med olien og bland med kalkunen.
d) Tilsæt hakket grøn peberfrugt, skåret zucchini og cherrytomater. Hæld i hønsebouillon.
e) Smag til med paprika, safranetråde, salt og peber.
f) Kog til risene er næsten færdige. Dæk gryden til og lad det simre, indtil risene er gennemstegte.
g) Serveres varm.

27. And og svampe Paella

INGREDIENSER:
- 2 kopper Calasparra ris
- 1 pund andeben, skin-on
- 1 løg, finthakket
- 3 fed hvidløg, hakket
- 1 kop vilde svampe, skåret i skiver
- 1 rød peberfrugt i tern
- 4 kopper hønsebouillon
- 1 tsk timian
- En knivspids safran tråde
- Salt og peber efter smag
- 1/4 kop olivenolie

INSTRUKTIONER:
a) I en paellapande opvarmes olivenolie ved middel varme. Tilsæt hakkede løg og hvidløg; sauter indtil de er bløde.
b) Tilsæt andelår og steg til de er brune på alle sider.
c) Rør Calasparra-ris i, dæk dem med olien og bland med anden.
d) Tilsæt snittede vilde svampe og hakket rød peberfrugt. Hæld i hønsebouillon.
e) Smag til med timian, safran, salt og peber.
f) Kog til risene er næsten færdige. Dæk gryden til og lad det simre, indtil risene er gennemstegte.
g) Serveres varm.

28. Cornish Hen og Chorizo Paella

INGREDIENSER:

- 2 kopper Valencia ris
- 2 korniske høns, skåret i stykker
- 1/2 pund chorizo-pølse, skåret i skiver
- 1 løg, finthakket
- 3 fed hvidløg, hakket
- 1 rød peberfrugt, skåret i skiver
- 1 kop frosne ærter
- 4 kopper hønsebouillon
- 1 tsk paprika
- En knivspids safran tråde
- Salt og peber efter smag
- 1/4 kop olivenolie

INSTRUKTIONER:

a) I en paellapande opvarmes olivenolie ved middel varme. Tilsæt hakkede løg og hvidløg; sauter indtil de er bløde.
b) Tilføj Cornish hønsestykker og chorizo; kog indtil kyllingen er brunet på alle sider.
c) Rør Valencia-ris i, overtræk dem med olie og bland med kylling og chorizo.
d) Tilsæt skåret rød peberfrugt og frosne ærter. Hæld i hønsebouillon.
e) Smag til med paprika, safranetråde, salt og peber.
f) Kog til risene er næsten færdige. Dæk gryden til og lad det simre, indtil risene er gennemstegte.
g) Serveres varm.

29. Paella med kalkun og skaldyr

INGREDIENSER:
- 2 kopper Arborio ris
- 1 pund malet kalkun
- 1/2 pund blandet fisk og skaldyr (rejer, muslinger, blæksprutte)
- 1 løg, finthakket
- 3 fed hvidløg, hakket
- 1 rød peberfrugt, skåret i skiver
- 1 tomat, i tern
- 4 kopper kylling eller fiskebouillon
- 1 tsk røget paprika
- 1/2 tsk safran tråde
- Salt og peber efter smag
- 1/4 kop olivenolie

INSTRUKTIONER:
a) I en paellapande opvarmes olivenolie ved middel varme. Tilsæt hakkede løg og hvidløg; sauter indtil de er bløde.
b) Tilsæt malet kalkun og kog indtil brunet.
c) Rør Arborio-ris i, dæk dem med olien og bland med kalkunen.
d) Tilsæt hakkede tomater og skåret rød peberfrugt. Hæld i kyllinge- eller fiskebouillon.
e) Smag til med røget paprika, safranetråde, salt og peber.
f) Anret blandet skaldyr over risene og kog indtil risene er næsten færdige.
g) Dæk gryden til og lad det simre, indtil risene er gennemstegte.
h) Serveres varm.

VILDT KØD PAELLA

30. Vild- og vildsvampe-paella

INGREDIENSER:
- 2 kopper Bomba ris
- 1 pund vildtkød, i tern
- 1 løg, finthakket
- 3 fed hvidløg, hakket
- 1 kop blandede vilde svampe, skåret i skiver
- 1 rød peberfrugt i tern
- 4 kopper vildt- eller oksebouillon
- 1 tsk røget paprika
- En knivspids safran tråde
- Salt og peber efter smag
- 1/4 kop olivenolie

INSTRUKTIONER:
a) I en paellapande opvarmes olivenolie ved middel varme. Tilsæt hakkede løg og hvidløg; sauter indtil de er bløde.
b) Tilsæt vildt i tern og steg, indtil det er brunet på alle sider.
c) Rør Bomba-ris i, dæk dem i olien og bland med vildtkødet.
d) Tilsæt snittede vilde svampe og hakket rød peberfrugt. Hæld i vildt- eller oksebouillon.
e) Smag til med røget paprika, safranetråde, salt og peber.
f) Kog til risene er næsten færdige. Dæk gryden til og lad det simre, indtil risene er gennemstegte.
g) Serveres varm.

31. Vildsvin og Chorizo Paella

INGREDIENSER:
- 2 kopper Calasparra ris
- 1 pund vildsvin i tern
- 1/2 pund chorizo-pølse, skåret i skiver
- 1 løg, finthakket
- 3 fed hvidløg, hakket
- 1 grøn peberfrugt, skåret i skiver
- 4 kopper vildt eller oksebouillon
- 1 tsk paprika
- En knivspids safran tråde
- Salt og peber efter smag
- 1/4 kop olivenolie

INSTRUKTIONER:
a) I en paellapande opvarmes olivenolie ved middel varme. Tilsæt hakkede løg og hvidløg; sauter indtil de er bløde.
b) Tilsæt vildsvin i tern og chorizo; kog indtil kødet er brunet.
c) Rør Calasparra ris i, dæk dem i olien og bland med kødet.
d) Tilsæt skåret grøn peberfrugt. Hæld vildt eller oksebouillon i.
e) Smag til med paprika, safranetråde, salt og peber.
f) Kog til risene er næsten færdige. Dæk gryden til og lad det simre, indtil risene er gennemstegte.
g) Serveres varm.

32. Fasan og grøntsags Paella

INGREDIENSER:
- 2 kopper Arborio ris
- 1 pund fasankød, udbenet og i tern
- 1 løg, finthakket
- 3 fed hvidløg, hakket
- 1 gul peberfrugt i tern
- 1 kop grønne bønner, trimmet og halveret
- 4 kopper kylling eller vildtbouillon
- 1 tsk timian
- En knivspids safran tråde
- Salt og peber efter smag
- 1/4 kop olivenolie

INSTRUKTIONER:
a) I en paellapande opvarmes olivenolie ved middel varme. Tilsæt hakkede løg og hvidløg; sauter indtil de er bløde.
b) Tilsæt fasankød i tern og steg, indtil det er brunet.
c) Rør Arborio-ris i, dæk dem med olien og bland med fasanen.
d) Tilsæt hakket gul peberfrugt og halverede grønne bønner. Hæld i kyllinge- eller vildtbouillon.
e) Smag til med timian, safran, salt og peber.
f) Kog til risene er næsten færdige. Dæk gryden til og lad det simre, indtil risene er gennemstegte.
g) Serveres varm.

33. Elg og asparges Paella

INGREDIENSER:
- 2 kopper kortkornet ris
- 1 pund hvert kød, skåret i tynde skiver
- 1 løg, finthakket
- 3 fed hvidløg, hakket
- 1 rød peberfrugt, skåret i skiver
- 1 kop asparges, trimmet og skåret i stykker
- 4 kopper vildt eller oksebouillon
- 1 tsk røget paprika
- En knivspids safran tråde
- Salt og peber efter smag
- 1/4 kop olivenolie

INSTRUKTIONER:
a) I en paellapande opvarmes olivenolie ved middel varme. Tilsæt hakkede løg og hvidløg; sauter indtil de er bløde.
b) Tilsæt hvert kød i skiver og steg, indtil det er brunet.
c) Rør kortkornet ris i, dæk det med olien og bland med elgen.
d) Tilsæt skåret rød peberfrugt og asparges. Hæld vildt eller oksebouillon i.
e) Smag til med røget paprika, safranetråde, salt og peber.
f) Kog til risene er næsten færdige. Dæk gryden til og lad det simre, indtil risene er gennemstegte.
g) Serveres varm.

34. Bison og grøntsags Paella

INGREDIENSER:
- 2 kopper Bomba ris
- 1 pund bisonkød i tern
- 1 løg, finthakket
- 3 fed hvidløg, hakket
- 1 gul peberfrugt i tern
- 1 zucchini, skåret i skiver
- 4 kopper bison- eller oksebouillon
- 1 tsk paprika
- En knivspids safran tråde
- Salt og peber efter smag
- 1/4 kop olivenolie

INSTRUKTIONER:
a) I en paellapande opvarmes olivenolie ved middel varme. Tilsæt hakkede løg og hvidløg; sauter indtil de er bløde.
b) Tilsæt bisonkød i tern og steg, indtil det er brunet.
c) Rør Bomba-ris i, dæk dem i olien og bland med bisonen.
d) Tilsæt gul peberfrugt i tern og skåret zucchini. Hæld i bison- eller oksebouillon.
e) Smag til med paprika, safranetråde, salt og peber.
f) Kog til risene er næsten færdige. Dæk gryden til og lad det simre, indtil risene er gennemstegte.
g) Serveres varm.

35. Vildand og kastanjepaella

INGREDIENSER:
- 2 kopper Calasparra ris
- 1 pund vilde andebryster, skåret i tynde skiver
- 1 løg, finthakket
- 3 fed hvidløg, hakket
- 1 kop kastanjer, skrællet og skåret i skiver
- 1 rød peberfrugt i tern
- 4 kopper vildt eller hønsebouillon
- 1 tsk timian
- En knivspids safran tråde
- Salt og peber efter smag
- 1/4 kop olivenolie

INSTRUKTIONER:
a) I en paellapande opvarmes olivenolie ved middel varme. Tilsæt hakkede løg og hvidløg; sauter indtil de er bløde.
b) Tilsæt skiver af vild andebryst og steg, indtil de er brune.
c) Rør Calasparra-ris i, dæk dem med olien og bland med anden.
d) Tilsæt snittede kastanjer og hakket rød peberfrugt. Hæld vildt eller hønsebouillon i.
e) Smag til med timian, safran, salt og peber.
f) Kog til risene er næsten færdige. Dæk gryden til og lad det simre, indtil risene er gennemstegte.
g) Serveres varm.

36. Vagtel og Squash Paella

INGREDIENSER:

- 2 kopper Bomba ris
- 1 pund vagtel, halveret
- 1 løg, finthakket
- 3 fed hvidløg, hakket
- 1 kop butternut squash, skåret i tern
- 1 gul peberfrugt, skåret i skiver
- 4 kopper vildt eller hønsebouillon
- 1 tsk røget paprika
- En knivspids safran tråde
- Salt og peber efter smag
- 1/4 kop olivenolie

INSTRUKTIONER:

a) I en paellapande opvarmes olivenolie ved middel varme. Tilsæt hakkede løg og hvidløg; sauter indtil de er bløde.
b) Tilsæt halve vagtler og steg, indtil de er brune på alle sider.
c) Rør Bomba-ris i, dæk dem i olien og bland med vagtlen.
d) Tilsæt butternut squash i tern og skåret gul peberfrugt. Hæld vildt eller hønsebouillon i.
e) Smag til med røget paprika, safranetråde, salt og peber.
f) Kog til risene er næsten færdige. Dæk gryden til og lad det simre, indtil risene er gennemstegte.
g) Serveres varm.

37. Vild kalkun og tranebær paella

INGREDIENSER:
- 2 kopper Arborio ris
- 1 pund vild kalkun, skåret i tern
- 1 løg, finthakket
- 3 fed hvidløg, hakket
- 1 kop tranebær, friske eller tørrede
- 1 grøn peberfrugt i tern
- 4 kopper vildt eller kalkun bouillon
- 1 tsk timian
- En knivspids safran tråde
- Salt og peber efter smag
- 1/4 kop olivenolie

INSTRUKTIONER:
a) I en paellapande opvarmes olivenolie ved middel varme. Tilsæt hakkede løg og hvidløg; sauter indtil de er bløde.
b) Tilsæt vild kalkun i tern og kog indtil brunet.
c) Rør Arborio-ris i, dæk dem med olien og bland med kalkunen.
d) Tilsæt tranebær og hakket grøn peberfrugt. Hæld vildt eller kalkunbouillon i.
e) Smag til med timian, safran, salt og peber.
f) Kog til risene er næsten færdige. Dæk gryden til og lad det simre, indtil risene er gennemstegte.
g) Serveres varm.

38. Bison og majs Paella

INGREDIENSER:
- 2 kopper kortkornet ris
- 1 pund bisonkød, skåret i tynde skiver
- 1 løg, finthakket
- 3 fed hvidløg, hakket
- 1 kop majskerner
- 1 rød peberfrugt i tern
- 4 kopper bison- eller oksebouillon
- 1 tsk paprika
- En knivspids safran tråde
- Salt og peber efter smag
- 1/4 kop olivenolie

INSTRUKTIONER:
a) I en paellapande opvarmes olivenolie ved middel varme. Tilsæt hakkede løg og hvidløg; sauter indtil de er bløde.
b) Tilsæt bisonkød i skiver og steg, indtil det er brunet.
c) Rør kortkornet ris i, overtræk det med olien og bland med bisonen.
d) Tilsæt majskerner og hakket rød peberfrugt. Hæld i bison- eller oksebouillon.
e) Smag til med paprika, safranetråde, salt og peber.
f) Kog til risene er næsten færdige. Dæk gryden til og lad det simre, indtil risene er gennemstegte.
g) Serveres varm.

39. Kanin og kirsebær Paella

INGREDIENSER:
- 2 kopper Valencia ris
- 1 pund kaninkød, skåret i stykker
- 1 løg, finthakket
- 3 fed hvidløg, hakket
- 1 kop kirsebær, udstenede og halveret
- 1 gul peberfrugt, skåret i skiver
- 4 kopper vildt eller hønsebouillon
- 1 tsk røget paprika
- En knivspids safran tråde
- Salt og peber efter smag
- 1/4 kop olivenolie

INSTRUKTIONER:
a) I en paellapande opvarmes olivenolie ved middel varme. Tilsæt hakkede løg og hvidløg; sauter indtil de er bløde.
b) Tilsæt kaninstykker og steg, indtil de er brune på alle sider.
c) Rør Valencia-ris i, dæk dem i olien og bland med kaninen.
d) Tilsæt halverede kirsebær og skåret gul peberfrugt. Hæld vildt eller hønsebouillon i.
e) Smag til med røget paprika, safranetråde, salt og peber.
f) Kog til risene er næsten færdige. Dæk gryden til og lad det simre, indtil risene er gennemstegte.
g) Serveres varm.

40. Paella med vagtler og svampe

INGREDIENSER:
- 2 kopper Calasparra ris
- 1 pund vagtel, halveret
- 1 løg, finthakket
- 3 fed hvidløg, hakket
- 1 kop blandede svampe, skåret i skiver
- 1 gul peberfrugt i tern
- 4 kopper hønsebouillon
- 1 tsk timian
- En knivspids safran tråde
- Salt og peber efter smag
- 1/4 kop olivenolie

INSTRUKTIONER:
a) I en paellapande opvarmes olivenolie ved middel varme. Tilsæt hakkede løg og hvidløg; sauter indtil de er bløde.
b) Tilsæt halve vagtler og steg, indtil de er brune på alle sider.
c) Rør Calasparra-ris i, dæk dem i olien og bland med vagtlen.
d) Tilsæt skåret blandede svampe og hakket gul peberfrugt. Hæld i hønsebouillon.
e) Smag til med timian, safran, salt og peber.
f) Kog til risene er næsten færdige. Dæk gryden til og lad det simre, indtil risene er gennemstegte.
g) Serveres varm.

41. Kanin og grøntsags Paella

INGREDIENSER:
- 2 kopper Bomba ris
- 1 pund kaninkød, skåret i stykker
- 1 løg, finthakket
- 3 fed hvidløg, hakket
- 1 grøn peberfrugt i tern
- 1 kop artiskokhjerter i kvarte
- 4 kopper hønsebouillon
- 1 tsk røget paprika
- En knivspids safran tråde
- Salt og peber efter smag
- 1/4 kop olivenolie

INSTRUKTIONER:
a) I en paellapande opvarmes olivenolie ved middel varme. Tilsæt hakkede løg og hvidløg; sauter indtil de er bløde.
b) Tilsæt kaninstykker og steg, indtil de er brune på alle sider.
c) Rør Bomba-ris i, dæk dem i olien og bland med kaninen.
d) Tilsæt grøn peberfrugt i tern og kvarte artiskokhjerter. Hæld i hønsebouillon.
e) Smag til med røget paprika, safranetråde, salt og peber.
f) Kog til risene er næsten færdige. Dæk gryden til og lad det simre, indtil risene er gennemstegte.
g) Serveres varm.

42. Kylling, kanin og chorizo Paella

INGREDIENSER:
- 2 kopper Bomba ris
- 4 kopper hønsebouillon
- 1 pund kyllingelår, udbenet og skind-på
- 1 pund kanin, skåret i stykker
- ½ pund chorizo-pølse, skåret i skiver
- 1 løg, finthakket
- 3 fed hvidløg, hakket
- 1 rød peberfrugt, skåret i skiver
- 1 tomat, revet
- 1 tsk røget paprika
- ½ tsk safran tråde
- Salt og peber efter smag
- Olivenolie til madlavning
- Frisk persille til pynt
- Citronbåde til servering

INSTRUKTIONER:
a) I en lille skål kombineres safran tråde med et par spiseskefulde varmt vand. Lad det trække.
b) Krydr kyllingelår og kaninstykker med salt og peber. I en stor paellapande opvarmes olivenolie over medium-høj varme. Brun kyllingen og kaninen på alle sider.
c) Tilsæt chorizoskiver og sauter, indtil de slipper deres olier.
d) Rør løg, hvidløg og rød peber i. Kog indtil grøntsagerne er bløde.
e) Tilsæt revet tomat, røget paprika og safranblandingen. Kog i et par minutter.
f) Fordel risene jævnt over gryden og hæld i hønsebouillonen.
g) Lad det simre uden omrøring, indtil risene er kogte og væsken er opsuget.
h) Pynt med frisk persille og server med citronbåde.

PASTA PAELLA

43. Paella Primavera

INGREDIENSER:
- 2½ tsk olivenolie
- 1 kop hakket rød peberfrugt
- 1 kop tynde skiver grønne løg
- 3 kopper grøntsagsbouillon med lavt natriumindhold
- 1 spiseskefuld hakket hvidløg (3 fed)
- 1 tsk smuldrede safran tråde
- 1 kop kortkornet hvide ris, såsom Valencia
- 3 kopper broccolibuketter
- 1 kop friske eller frosne babyærter
- 1 kop halverede drue- eller cherrytomater
- 12 halverede, udstenede grønne oliven
- 12 halverede, udstenede sorte oliven (valgfrit)
- Citronbåde
- ¼ kop hakket frisk persille

INSTRUKTIONER:
a) Varm olivenolien op i en stor nonstick-gryde over medium varme. Tilsæt peberfrugt og grønne løg, og steg i 5 minutter.
b) Rør grøntsagsbouillon, hvidløg og safran i, og bring derefter i kog.
c) Drys risene over ingredienserne, reducer varmen til medium-lav, og lad det simre under låg i 10 minutter.
d) Drys broccoli, ærter, tomater og oliven over risene. Dæk gryden til, og kog paellaen i 8 minutter, eller indtil risene er møre.
e) Fjern fra varmen og lad det hvile, tildækket, i 5 minutter. Smag til med salt og peber, hvis det ønskes.
f) For at servere, hæld paellaen i 6 skåle og pynt hver med citronbåde og persille.

44. Pasta Paella med muslinger og krydret pølse

INGREDIENSER:

- 1 mellemstor zucchini
- 4 blommetomater
- 1 mellemstor løg
- 2 fed hvidløg
- 2 spsk olivenolie
- 6 ounce Fideos (spansk tørret oprullet vermicelli spaghetti brudt i 2-tommer stykker) eller tynde nudler (6 ounce)
- ¼ pund varm italiensk pølse tilbage
- 1 ¼ kopper vand
- ¾ kop tør hvidvin
- 12 små hårdskallede muslinger, såsom smallnecks (mindre end 2 tommer i længden)
- 1 spsk hakket frisk persilleblade

INSTRUKTIONER:

a) Skær zucchini og tomater i ½-tommers stykker, hold grøntsagerne adskilt. Hak løget og hak hvidløget.
b) I en kraftig kedel opvarmes olivenolien over moderat høj varme, indtil den er varm, men ikke ryger. Sautér den ukogte pasta, vend den af og til, indtil den er gylden, cirka 2 minutter. Brug en hulske til at overføre pastaen til en skål.
c) I den samme kedel med den resterende olie, sautér zucchinien med salt efter smag, og rør af og til, indtil den er brunet, cirka 3 minutter. Overfør zucchinien til en anden skål.
d) Pres pølsen fra tarmene ned i elkedlen og tilsæt hakket løg og hakket hvidløg. Sauter blandingen under omrøring og bryd pølsen, indtil den er brunet, cirka 5 minutter.
e) Tilsæt de hakkede tomater, vand og hvidvin i kedlen og bring blandingen i kog.
f) Tilsæt den sauterede pasta og muslinger. Kog uden låg, under omrøring af og til, i cirka 8 minutter, eller indtil muslingerne er åbnet og pastaen er al dente. Kassér alle uåbnede muslinger.
g) Rør den sauterede zucchini og hakket persille i og kog til den er gennemvarmet.

45. Spansk nudelpaella (Fideuà)

INGREDIENSER:
- 10 ounce tyk spaghetti eller bucatini
- 2 spsk olivenolie
- 1 mellemstor løg, finthakket
- 2 fed hvidløg, hakket
- 3 store modne tomater, skrællet, frøet og finthakket
- 1 tsk sød paprika
- 12 små muslinger eller muslinger, skrubbet under koldt vand
- 6 ounce rejer, pillede og deveirede
- 6 ounce kammuslinger (store skåret i kvarte; små skåret i halve eller venstre hele)
- 8 ounce havtaske eller anden fast hvid fisk, skåret på diagonalen i ½-tommers skiver (juster mængden efter behov)
- 3 kopper fiske- eller hønsefond, muslingebouillon på flaske eller efter behov
- ¼ tsk safran tråde, gennemblødt i 1 spsk varmt vand
- Salt og friskkværnet sort peber efter smag
- 2 spsk hakket frisk persille til pynt

INSTRUKTIONER:
a) Bræk den tykke spaghetti eller bucatini i 1-tommers stykker, hold et par tråde ad gangen, og sæt dem til side.
b) Varm olivenolien op i en paellapande eller stor pande. Tilsæt finthakket løg og hakket hvidløg, og steg ved middel varme, indtil de bliver bløde og gennemsigtige, men ikke brune, cirka 4 minutter.
c) Rør de flåede, frøede og finthakkede tomater og den søde paprika i. Kog indtil al væsken fra tomaterne er fordampet, hvilket skal tage cirka 5 minutter.
d) Tilsæt muslinger, rejer, kammuslinger og havtaske, og sauter i 1 minut. Tilsæt derefter 2-½ kopper fiskefond og safran, der er blevet gennemblødt i varmt vand. Bring det i kog.
e) Rør den ødelagte pasta i og bring den i kog. Reducer varmen og lad det simre forsigtigt, indtil pastaen er kogt, hvilket vil tage cirka 15 til 20 minutter. Rør af og til.
f) Hvis blandingen tørrer for meget ud, før pastaen er helt kogt, tilsættes den resterende bouillon. Smag til med salt og peber efter smag.
g) Drys retten med hakket frisk persille og server den med det samme.

46. Paella stil skaldyrspasta

INGREDIENSER:
- 2 kopper hønsebouillon
- ¾ kop tør hvidvin
- ½ tsk smuldrede safran tråde
- 3 spsk olivenolie
- 6 ounce Fideos (tynde spanske nudler i spoler) eller tynd spaghetti, opdelt i 2-tommers længder
- 6 store rejer (16 til 20 pr. pund), afskallede
- 6 store havmuslinger
- 6 New Zealand hjertemuslinger eller Manila muslinger, skrubbede
- ½ (9-ounce) pakke frosne artiskokhjerter, optøet
- 1 tsk hakket frisk purløg

INSTRUKTIONER:
a) Forvarm ovnen til 400°F (200°C).
b) Bring hønsebouillon og hvidvin i en gryde i kog, og rør derefter safran i. Lad blandingen simre.
c) I en tung ovnfast stegepande, der måler 8 tommer på tværs af bunden, opvarmes olivenolien over moderat høj varme, indtil den er varm, men ikke ryger. Sauter den ikke-kogte pasta under omrøring, indtil den er gylden, cirka 2 minutter.
d) Hæld den simrende bouillonblanding over pastaen og lad den simre i 5 minutter.
e) Sæt skaldyrs- og artiskokhjerterne i pastaen og bag uden låg midt i ovnen, indtil væsken er reduceret til en sirupsagtig glasur (pastaen skal være mør, men sprød på toppen), ca. 20 minutter.
f) Drys pastaen med hakket purløg.

47. Kylling og Chorizo Pasta Paella

INGREDIENSER:
- 8 ounce penne pasta
- 1 pund kyllingebryst, skåret i tern
- ½ pund chorizo, skåret i skiver
- 1 løg, finthakket
- 2 fed hvidløg, hakket
- 1 rød peberfrugt i tern
- 1 tsk røget paprika
- ½ tsk safran tråde (valgfrit)
- 2 kopper hønsebouillon
- Salt og peber efter smag
- Olivenolie til madlavning
- Frisk persille til pynt

INSTRUKTIONER:
a) Kog pennepastaen efter anvisningen på pakken. Dræn og sæt til side.
b) I en stor pande opvarmes olivenolie over medium varme. Tilsæt kylling i tern og chorizo. Kog indtil brunet.
c) Tilsæt løg, hvidløg og peberfrugt. Sauter indtil grøntsagerne er møre.
d) Rør røget paprika og safran tråde i (hvis du bruger).
e) Hæld hønsebouillon i og lad det simre et par minutter.
f) Tilsæt den kogte pasta til gryden og vend indtil den er godt dækket.
g) Smag til med salt og peber efter smag. Pynt med frisk persille inden servering.

48. Paella med grøntsager og svampe

INGREDIENSER:
- 8 ounce fettuccine eller din yndlingspasta
- 1 kop champignon, skåret i skiver
- 1 zucchini i tern
- 1 rød peberfrugt i tern
- 1 løg, finthakket
- 2 fed hvidløg, hakket
- 1 tsk røget paprika
- ½ tsk safran tråde (valgfrit)
- 2 dl grøntsagsbouillon
- Salt og peber efter smag
- Olivenolie til madlavning
- Frisk persille til pynt

INSTRUKTIONER:
a) Kog fettuccinen efter anvisningen på pakken. Dræn og sæt til side.
b) I en stor stegepande opvarmes olivenolie over medium varme. Tilsæt løg, hvidløg, champignon, zucchini og peberfrugt. Sauter indtil grøntsagerne er møre.
c) Rør røget paprika og safran tråde i (hvis du bruger).
d) Hæld grøntsagsbouillon i og lad det simre et par minutter.
e) Tilsæt den kogte pasta til gryden og vend den godt sammen.
f) Smag til med salt og peber efter smag. Pynt med frisk persille inden servering.

49. Rejer og Chorizo Orzo Paella

INGREDIENSER:
- 8 ounce orzo pasta
- 1 pund store rejer, pillede og deveirede
- ½ pund chorizo, skåret i skiver
- 1 løg, finthakket
- 2 fed hvidløg, hakket
- 1 rød peberfrugt i tern
- 1 tsk røget paprika
- ½ tsk safran tråde (valgfrit)
- 2 kopper hønsebouillon
- Salt og peber efter smag
- Olivenolie til madlavning
- Frisk persille til pynt

INSTRUKTIONER:
a) Kog orzo-pastaen efter anvisningen på pakken. Dræn og sæt til side.
b) I en stor pande opvarmes olivenolie over medium varme. Tilsæt chorizo og kog indtil brunet.
c) Tilsæt løg, hvidløg og peberfrugt. Sauter indtil grøntsagerne er møre.
d) Rør røget paprika og safran tråde i (hvis du bruger).
e) Tilsæt rejer til gryden og kog indtil de bliver lyserøde.
f) Hæld hønsebouillon i og lad det simre et par minutter.
g) Tilsæt den kogte orzo-pasta og rør rundt, indtil den er godt dækket. Smag til med salt og peber.
h) Pynt med frisk persille inden servering.

50. Paella med kylling og grønne bønner

INGREDIENSER:
- 8 ounces linguine eller Conchiglie
- 1 pund udbenet, skindfri kyllingelår, skåret i tern
- 1 løg, finthakket
- 2 fed hvidløg, hakket
- 1 kop cherrytomater, halveret
- 1 kop grønne bønner, hakket
- ½ tsk safran tråde
- 2 kopper hønsebouillon
- Salt og peber efter smag
- Olivenolie til madlavning
- Frisk basilikum til pynt

INSTRUKTIONER:
a) Kog linguinen efter anvisningen på pakken. Dræn og sæt til side.
b) I en stor stegepande opvarmes olivenolie over medium varme. Tilsæt løg og hvidløg. Sauter indtil de er bløde.
c) Tilsæt kylling i tern og steg indtil brunet.
d) Rør cherrytomater og grønne bønner i.
e) Tilsæt safranetråde til hønsebouillonen og hæld blandingen i gryden. Lad det simre et par minutter.
f) Tilsæt den kogte linguine og vend den godt sammen. Smag til med salt og peber.
g) Pynt med frisk basilikum inden servering.

51. Penne Paella med spinat og artiskok

INGREDIENSER:
- 8 ounce penne pasta
- 1 dåse artiskokhjerter, drænet og hakket
- 2 kopper frisk spinat
- 1 løg, finthakket
- 2 fed hvidløg, hakket
- 1 rød peberfrugt i tern
- 1 tsk røget paprika
- ½ tsk safran tråde (valgfrit)
- 2 dl grøntsagsbouillon
- Salt og peber efter smag
- Olivenolie til madlavning
- Revet parmesanost til pynt

INSTRUKTIONER:
a) Kog pennepastaen efter anvisningen på pakken. Dræn og sæt til side.
b) I en stor pande opvarmes olivenolie over medium varme. Tilsæt løg, hvidløg og peberfrugt. Sauter indtil grøntsagerne er møre.
c) Rør røget paprika og safran tråde i (hvis du bruger).
d) Kom artiskokhjerter og frisk spinat på panden. Kog indtil spinaten er visnet.
e) Hæld grøntsagsbouillon i og lad det simre et par minutter.
f) Tilsæt den kogte penne pasta og vend indtil den er godt dækket. Smag til med salt og peber.
g) Pynt med revet parmesanost inden servering.

52. Grøntsags Paella med Orzo

INGREDIENSER:
- 1 kop orzo pasta
- 1 løg, finthakket
- 3 fed hvidløg, hakket
- 1 zucchini i tern
- 1 rød peberfrugt, skåret i skiver
- 1 kop cherrytomater, halveret
- 4 kopper grøntsagsbouillon
- 1 tsk røget paprika
- En knivspids safran tråde
- Salt og peber efter smag
- 1/4 kop olivenolie

INSTRUKTIONER:
a) I en paellapande opvarmes olivenolie ved middel varme. Tilsæt hakkede løg og hvidløg; sauter indtil de er bløde.
b) Tilsæt orzopasta og kog indtil den er let ristet.
c) Rør hakket zucchini, skåret rød peberfrugt og halverede cherrytomater i.
d) Hæld grøntsagsbouillon og safranetråde i. Smag til med røget paprika, salt og peber.
e) Kog indtil orzoen er mør og har absorberet smagen fra grøntsagerne og bouillonen.
f) Dæk gryden til og lad den hvile et par minutter inden servering.

53. Pølse og svampe Orzo Paella

INGREDIENSER:
- 1 kop orzo pasta
- 1/2 pund italiensk pølse, tarm fjernet og smuldret
- 1 løg, finthakket
- 3 fed hvidløg, hakket
- 1 kop champignon, skåret i skiver
- 1 rød peberfrugt i tern
- 4 kopper kylling eller grøntsagsbouillon
- 1 tsk tørret timian
- Salt og peber efter smag
- 1/4 kop olivenolie

INSTRUKTIONER:
a) I en paellapande opvarmes olivenolie ved middel varme. Tilsæt hakkede løg og hvidløg; sauter indtil de er bløde.
b) Tilsæt smuldret italiensk pølse og kog indtil brunet.
c) Rør orzo-pastaen i, dæk den i olien og bland med pølsen.
d) Tilsæt snittede svampe og hakket rød peberfrugt. Hæld i kylling eller grøntsagsbouillon.
e) Smag til med tørret timian, salt og peber.
f) Kog indtil orzoen er mør og har absorberet smagen fra pølsen og grøntsagerne.
g) Dæk gryden til og lad den hvile et par minutter inden servering.

54. Rejer og asparges Orzo Paella

INGREDIENSER:
- 1 kop orzo pasta
- 1/2 pund rejer, pillet og udvundet
- 1 løg, finthakket
- 3 fed hvidløg, hakket
- 1 bundt asparges, skåret og skåret i stykker
- 1 kop cherrytomater, halveret
- 4 kopper kylling eller grøntsagsbouillon
- 1 tsk citronskal
- Salt og peber efter smag
- 1/4 kop olivenolie

INSTRUKTIONER:
a) I en paellapande opvarmes olivenolie ved middel varme. Tilsæt hakkede løg og hvidløg; sauter indtil de er bløde.
b) Tilsæt orzopasta og kog indtil den er let ristet.
c) Rør rejer, halverede cherrytomater og aspargesstykker i.
d) Hæld i kylling eller grøntsagsbouillon. Smag til med citronskal, salt og peber.
e) Kog indtil orzoen er mør og rejerne er gennemstegte.
f) Dæk gryden til og lad den hvile et par minutter inden servering.

KØD PAELLA

55. Paella med grønne tomater og bacon

INGREDIENSER:

- 6 ounce bacon, skåret i ¼-tommer strimler
- 1 kop hakket løg
- 1 kop grøn peber, skåret i ½-tommers terninger
- 2 fed hvidløg, pillet, hakket og knust
- 1 jalapenopeber, frøet og hakket
- 2 kopper langkornet ris (ukogte)
- 2 kopper udkernede og grofthakkede grønne tomater
- 4 kopper hønsebouillon
- 1 tsk salt
- ¼ tsk friskkværnet peber
- 1 spsk hakket koriander
- 1 spsk hakket italiensk persille

INSTRUKTIONER:

a) I en stor, tykbundet stegepande eller paellapande vendes baconen, indtil den er brun og har frigivet sit fedt. Kassér alt på nær 3 spiseskefulde af fedtet.

b) Rør det hakkede løg, grøn peber, hvidløg og jalapeno i. Kog i 7 til 8 minutter ved middel varme, indtil grøntsagerne er visne.

c) Rør risene i og kog i 1 minut længere.

d) Tilsæt de grønne tomater, hønsebouillon, salt og peber. Bring blandingen i kog.

e) Dæk gryden til, skru varmen til meget lav, og kog i cirka 20 minutter, eller indtil risene har absorberet al væsken.

f) Pluk paellaen med en gaffel og rør hakket koriander og italiensk persille i.

g) Dæk til og lad det stå i 5 minutter før servering.

56. Bacon og Kimchi Paella med kylling

INGREDIENSER:
- 1 kop Arborio ris (eller enhver kortkornet ris egnet til paella)
- 2 udbenet, skindfri kyllingebryst, skåret i mundrette stykker
- 4-6 skiver bacon, hakket
- 1 kop kimchi, hakket
- 1 løg, finthakket
- 2 fed hvidløg, hakket
- 1 rød peberfrugt, skåret i skiver
- 1 kop frosne ærter
- 1 tsk paprika
- ½ tsk røget paprika (valgfrit)
- ¼ tsk safran tråde (valgfrit)
- 2 kopper hønsebouillon
- ½ kop hvidvin
- Salt og sort peber efter smag
- 2 spsk olivenolie
- Frisk hakket persille til pynt

INSTRUKTIONER:
a) Start med at lægge safranetrådene i blød i 2 spsk varmt vand og stil det til side. Dette vil hjælpe med at frigive dens smag og farve.
b) I en stor, fladbundet gryde eller paellapande opvarmes olivenolien over medium-høj varme. Tilsæt det hakkede bacon og steg til det bliver sprødt. Fjern baconen fra gryden og stil den til side, og lad baconfedtet blive i gryden.
c) Krydr kyllingestykkerne med salt, sort peber og paprika. Tilsæt kyllingen i den samme gryde og steg til den er brunet og gennemstegt. Tag kyllingen af panden og stil den til side.
d) Tilsæt det hakkede løg, hvidløg og skåret rød peberfrugt i samme gryde. Sauter dem, indtil løgene bliver gennemsigtige, og peberfrugten er blød.
e) Tilsæt Arborio-risene til gryden og rør i et par minutter for at riste risene lidt.
f) Hæld hvidvinen i og kog, indtil den for det meste er absorberet af risene.
g) Tilsæt den hakkede kimchi og kogt bacon til gryden, og bland det hele.
h) Tilsæt safranetrådene sammen med iblødsætningsvæsken, røget paprika (hvis du bruger) og 1 kop hønsebouillon. Rør grundigt.
i) Fortsæt med at koge paellaen ved middel varme, tilsæt mere hønsebouillon efter behov og rør af og til. Risene skal absorbere væsken og blive cremet, mens de stadig bevarer et lille bid (al dente). Dette bør tage omkring 15-20 minutter.
j) I de sidste par minutter af tilberedningen tilsættes de frosne ærter og den kogte kylling tilbage til gryden. Rør til ærterne er gennemvarme.
k) Smag paellaen til og juster krydringen med salt og sort peber efter behov.
l) Når risene er færdigkogte, og væsken for det meste er absorberet, skal du tage paellaen af varmen og lade den hvile et par minutter før servering.
m) Pynt med hakket frisk persille og server din Bacon og Kimchi Paella med kylling varm.

57. Paella med oksekød og skaldyr

INGREDIENSER:
- 2 kopper paella ris
- 4 kopper oksebouillon
- 1 pund oksehøjreb, skåret i tynde skiver
- ½ pund rejer, pillet og udvundet
- ½ pund muslinger, rensede
- 1 løg, finthakket
- 3 fed hvidløg, hakket
- 1 rød peberfrugt, skåret i skiver
- 1 tomat, i tern
- 1 tsk røget paprika
- ½ tsk safran tråde
- Salt og peber efter smag
- Olivenolie til madlavning
- Frisk persille til pynt
- Citronbåde til servering

INSTRUKTIONER:
a) I en lille skål kombineres safran tråde med et par spiseskefulde varmt vand. Lad det trække.
b) Smag oksekødsskiverne til med salt og peber. I en stor paellapande opvarmes olivenolie over medium-høj varme. Steg oksekødet, indtil det er brunet.
c) Tilsæt løg, hvidløg og rød peberfrugt. Kog indtil grøntsagerne er bløde.
d) Rør hakkede tomater, røget paprika og safranblandingen i. Kog i et par minutter.
e) Fordel risene jævnt over gryden og hæld i oksebouillonen.
f) Lad det simre uden omrøring, indtil risene er kogte og væsken er opsuget.
g) Anret rejer og muslinger ovenpå risene og kog til fisken er færdig.
h) Pynt med frisk persille og server med citronbåde.

58. Svinekød og Chorizo Paella

INGREDIENSER:
- 2 kopper Arborio ris
- 4 kopper hønsebouillon
- 1 pund svinekam, skåret i mundrette stykker
- ½ pund chorizo-pølse, skåret i skiver
- 1 løg, finthakket
- 3 fed hvidløg, hakket
- 1 rød peberfrugt, skåret i skiver
- 1 tomat, i tern
- 1 tsk røget paprika
- ½ tsk safran tråde
- Salt og peber efter smag
- Olivenolie til madlavning
- Frisk persille til pynt
- Citronbåde til servering

INSTRUKTIONER:
a) I en lille skål kombineres safran tråde med et par spiseskefulde varmt vand. Lad det trække.
b) Krydr svinekødsstykkerne med salt og peber. I en stor paellapande opvarmes olivenolie over medium-høj varme. Brun svinekødet på alle sider.
c) Tilsæt chorizoskiver og sauter, indtil de slipper deres olier.
d) Rør løg, hvidløg og rød peber i. Kog indtil grøntsagerne er bløde.
e) Tilsæt hakkede tomater, røget paprika og safranblandingen. Kog i et par minutter.
f) Fordel Arborio-risene jævnt over gryden og hæld i hønsebouillonen.
g) Lad det simre uden omrøring, indtil risene er kogte og væsken er opsuget.
h) Pynt med frisk persille og server med citronbåde.

59. Paella med lam og grøntsager

INGREDIENSER:
- 2 kopper kortkornet ris
- 4 kopper grøntsagsbouillon
- 1 pund lammeskulder, skåret i tern
- 1 løg, finthakket
- 3 fed hvidløg, hakket
- 1 zucchini, skåret i skiver
- 1 rød peberfrugt i tern
- 1 kop grønne bønner, hakket
- 1 tsk røget paprika
- ½ tsk safran tråde
- Salt og peber efter smag
- Olivenolie til madlavning
- Frisk mynte til pynt
- Citronbåde til servering

INSTRUKTIONER:
a) I en lille skål kombineres safran tråde med et par spiseskefulde varmt vand. Lad det trække.
b) Krydr lammet med salt og peber. I en stor paellapande opvarmes olivenolie over medium-høj varme. Brun lammet på alle sider.
c) Tilsæt løg, hvidløg, rød peberfrugt, zucchini og cherrytomater. Sauter indtil grøntsagerne er møre.
d) Rør røget paprika og safranblandingen i. Kog i et par minutter.
e) Fordel Arborio-risene jævnt over gryden og hæld i lamme- eller oksebouillonen.
f) Lad det simre uden omrøring, indtil risene er kogte og væsken er opsuget.
g) Pynt med frisk mynte og server med citronbåde.

60. Paella med kalkun og skaldyr

INGREDIENSER:
- 2 kopper Valencia ris
- 4 kopper kalkun eller kylling bouillon
- 1 pund malet kalkun
- ½ pund blæksprutte, renset og skåret i skiver
- ½ pund muslinger
- 1 løg, finthakket
- 3 fed hvidløg, hakket
- 1 rød peberfrugt, skåret i skiver
- 1 tomat, i tern
- 1 tsk røget paprika
- ½ tsk safran tråde
- Salt og peber efter smag
- Olivenolie til madlavning
- Frisk persille til pynt
- Citronbåde til servering

INSTRUKTIONER:
a) I en lille skål kombineres safran tråde med et par spiseskefulde varmt vand. Lad det trække.
b) I en stor paellapande opvarmes olivenolie over medium-høj varme. Brun den malede kalkun.
c) Tilsæt løg, hvidløg, rød peberfrugt og tomat. Sauter indtil grøntsagerne er bløde.
d) Rør røget paprika og safranblandingen i. Kog i et par minutter.
e) Fordel Valencia-risene jævnt over gryden og hæld i kalkun- eller hønsebouillonen.
f) Lad det simre uden omrøring, indtil risene er kogte og væsken er opsuget.
g) Anret blæksprutte og muslinger oven på risene og kog indtil fisk og skaldyr er færdige.
h) Pynt med frisk persille og server med citronbåde.

61. Paella med svinekød og skaldyr

INGREDIENSER:
- 2 kopper Calasparra ris
- 1/2 pund svinemørbrad, skåret i stykker
- 1/2 pund rejer, pillet og udvundet
- 1/2 pund muslinger, rensede
- 1 løg, finthakket
- 3 fed hvidløg, hakket
- 1 grøn peberfrugt, skåret i skiver
- 1 kop hakkede tomater
- 4 kopper kylling eller svinebouillon
- 1 tsk sød paprika
- En knivspids safran tråde
- Salt og peber efter smag
- 1/4 kop olivenolie

INSTRUKTIONER:
a) I en paellapande opvarmes olivenolie ved middel varme. Tilsæt hakkede løg og hvidløg; sauter indtil de er bløde.
b) Tilsæt svinemørbrad stykker og steg indtil brunet.
c) Rør Calasparra-ris i, dæk dem i olien og bland med svinekødet.
d) Tilsæt hakket grøn peberfrugt og tomater. Hæld i kyllinge- eller svinebouillon.
e) Smag til med sød paprika, safranetråde, salt og peber.
f) Anret rejer og muslinger over risene og kog til risene næsten er færdige.
g) Dæk gryden til og lad det simre, indtil risene er gennemstegte.
h) Serveres varm.

62. Paella med oksekød og svampe

INGREDIENSER:
- 2 kopper Calasparra ris
- 1 pund oksehøjreb, skåret i tynde skiver
- 1 løg, finthakket
- 3 fed hvidløg, hakket
- 1 kop blandede svampe, skåret i skiver
- 1 rød peberfrugt i tern
- 4 kopper oksekød eller grøntsagsbouillon
- 1 tsk røget paprika
- En knivspids safran tråde
- Salt og peber efter smag
- 1/4 kop olivenolie

INSTRUKTIONER:

a) I en paellapande opvarmes olivenolie ved middel varme. Tilsæt hakkede løg og hvidløg; sauter indtil de er bløde.
b) Tilsæt tyndt skåret oksefilet og steg, indtil det er brunet.
c) Rør Calasparra-ris i, dæk dem i olien og bland med oksekødet.
d) Tilsæt skåret blandede svampe og hakket rød peberfrugt. Hæld i oksekød eller grøntsagsbouillon.
e) Smag til med røget paprika, safranetråde, salt og peber.
f) Kog til risene er næsten færdige. Dæk gryden til og lad det simre, indtil risene er gennemstegte.
g) Serveres varm.

63. Paella af kalvekød og grønne ærter

INGREDIENSER:
- 2 kopper Calasparra ris
- 1 pund oksekød, skåret i stykker
- 1 løg, finthakket
- 3 fed hvidløg, hakket
- 1 kop grønne ærter
- 1 gul peberfrugt i tern
- 4 kopper okse- eller oksebouillon
- 1 tsk rosmarin
- En knivspids safran tråde
- Salt og peber efter smag
- 1/4 kop olivenolie

INSTRUKTIONER:
a) I en paellapande opvarmes olivenolie ved middel varme. Tilsæt hakkede løg og hvidløg; sauter indtil de er bløde.
b) Tilføj mange bidder og kog indtil de er brune.
c) Rør Calasparra ris i, overtræk det med olien og bland med sløret.
d) Tilsæt grønne ærter og hakket gul peberfrugt. Hæld i oksekød eller oksebouillon.
e) Smag til med rosmarin, safranetråde, salt og peber.
f) Kog til risene er næsten færdige. Dæk gryden til og lad det simre, indtil risene er gennemstegte.
g) Serveres varm.

64. Oksekød og Broccoli Paella

INGREDIENSER:
- 2 kopper Arborio ris
- 1 pund oksehøjreb, skåret i tynde skiver
- 1 løg, finthakket
- 3 fed hvidløg, hakket
- 1 kop broccolibuketter
- 1 rød peberfrugt i tern
- 4 kopper oksebouillon
- 1 tsk sojasovs
- En knivspids safran tråde
- Salt og peber efter smag
- 1/4 kop olivenolie

INSTRUKTIONER:
a) I en paellapande opvarmes olivenolie ved middel varme. Tilsæt hakkede løg og hvidløg; sauter indtil de er bløde.
b) Tilsæt tyndt skåret oksefilet og steg, indtil det er brunet.
c) Rør Arborio-ris i, dæk dem i olien og bland med oksekødet.
d) Tilsæt broccolibuketter og hakket rød peberfrugt. Hæld i oksebouillon.
e) Smag til med sojasovs, safranetråde, salt og peber.
f) Kog til risene er næsten færdige. Dæk gryden til og lad det simre, indtil risene er gennemstegte.
g) Serveres varm.

VEGETARISK PAELLA

65. Grillet vegetarisk paella

INGREDIENSER:
TIL GRILLET VEGETARISK PAELLA:
- Olivenolie (til madlavning)
- 4 kopper Basmatiris
- 5 store skalotteløg, hakket
- 1 spsk hakket hvidløg
- 1 spsk hakket ingefær (dynger)
- Salt, efter smag
- Friskkværnet sort peber efter smag
- ½ spsk gurkemeje
- 6 dl grøntsagsfond
- 4 kopper blandede grillede grøntsager i ½-tommers terninger (harve, zucchini, aubergine, rød peberfrugt, rødløg, fennikel, grillet med olivenolie, salt og peber)

TIL BASIL-TOMAT SLAWEN:
- 1 bundt thailandsk basilikum (ca. 2 kopper plukkede blade)
- 3 heirloom tomater, julienned (forskellige typer og farver hvis muligt)
- 1 rødløg, skåret i skiver
- 1 jalapeño, hakket
- ¼ kop balsamicoeddike
- 1 spsk kinesisk sort eddike
- ¼ kop ekstra jomfru olivenolie
- Salt, efter smag
- Friskkværnet sort peber efter smag

INSTRUKTIONER:
TIL GRILLET VEGETARISK PAELLA:
a) Opvarm lidt olivenolie i en ovnfast stege og sauter Basmati-ris, hakkede skalotteløg, hvidløg og ingefær i 4 til 6 minutter.
b) Smag til med salt og friskkværnet sort peber. Tilsæt gurkemeje og rør i yderligere 2 minutter.
c) Hæld i grøntsagsfonden og tilsæt de blandede grillede grøntsager. Tjek for krydderier.
d) Dæk panden og bag i en forvarmet 350 grader Fahrenheit (175 °C) ovn i 1 time, eller indtil risene har absorberet bouillonen helt.
e) Pluk paellaen med en gaffel og tjek krydringen igen.

TIL BASIL-TOMAT SLAWEN:
f) I en skål kombineres de thailandske basilikumblade, julienerede heirloom-tomater, skåret rødløg og hakket jalapeño.
g) I en separat skål piskes balsamicoeddike, kinesisk sort eddike og ekstra jomfru olivenolie sammen. Smag til med salt og friskkværnet sort peber efter smag.
h) Hæld dressingen over basilikum-tomatblandingen og vend sammen. Tjek for smag og stil slaw til side ved stuetemperatur.

TIL PLATERING:
i) Server den grillede vegetariske paella i gryden, og dryp basilikum-tomat-slaw ovenpå.

66. Røget Tofu Paella

INGREDIENSER:

- 1 pakke Kedel Røget Tofu, skåret i 32 trekanter
- 5 spsk olivenolie
- 18 ounce Blandede grøntsager, skåret i 1-tommer/2 cm stykker (harve, peberfrugt, babymajs, broccoli, svampe)
- 5 ounce løg, hakket
- 5 ounce gulerod, skåret i 1-tommer/2 cm stave
- 2 teskefulde hvidløg, knust
- ½ Mild grøn chili, finthakket
- 1 ounce brune ris
- 1 pint hvidvin
- 1 pint Let grøntsagsfond, dobbelt styrke
- 5 ounce tomater, skrællet og hakket
- 3 ounces udstenede sorte oliven, skåret i skiver
- 2 laurbærblade
- 2 spsk hakket frisk estragon (eller 1 tsk/5 ml tørret)
- 1 spsk hakket frisk salvie
- 2 spsk hakket persille
- Salt og sort peber
- 1 citron, skåret i 8 skiver

INSTRUKTIONER:

a) Steg den røgede tofu i olivenolie ved middel varme i en slip-let pande, indtil den er lysebrun. Fjern tofuen fra gryden.

b) Øg varmen og tilsæt de blandede grøntsager til den samme gryde. Kog til de er let brunede. Fjern grøntsagerne fra gryden.

c) Læg løg og gulerødder i samme gryde. Kog forsigtigt til de er bløde. Tilsæt hvidløg, chili og brune ris. Kog i 1 minut.

d) Tilsæt hvidvin, grøntsagsfond, hakkede tomater, oliven og laurbærblade. Lad det simre, tildækket, indtil risene er kogte (ca. 25 minutter). Tilsæt eventuelt mere væske i løbet af tilberedningstiden.

E) Fjern laurbærbladene. Tilsæt tofu, grøntsager og friske krydderurter. Smag til med salt, sort peber og citronsaft. Pynt med citronbåde.

67. Paella med svampe og grøntsager

INGREDIENSER:
- 2 spsk olivenolie
- 2 mellemstore gulerødder, skåret i ¼-tommer skiver
- 1 selleri ribben, skåret i ¼-tommer skiver
- 1 mellemstor gult løg, hakket
- 1 mellemstor rød peberfrugt, skåret i ½-tommers terninger
- 3 fed hvidløg, hakket
- 8 ounce grønne bønner, trimmet og skåret i 1-tommers stykker
- 1½ kopper kogte mørkerøde kidneybønner
- 14½-ounce dåse tomater i tern, drænet
- 2½ dl grøntsagsbouillon, hjemmelavet
- ½ tsk tørret merian
- ½ tsk stødt rød peber
- ½ tsk malet fennikelfrø
- ¼ tsk safran eller gurkemeje
- ¾ kop langkornet ris
- 2 kopper østerssvampe, skyllet let og duppet tørre
- 14-ounce dåse artiskokhjerter drænet og delt i kvarte

INSTRUKTIONER:
a) I en stor gryde varmes olien op over medium varme. Tilsæt gulerødder, selleri, løg, peberfrugt og hvidløg.
b) Dæk til og kog i 10 minutter.
c) Tilsæt grønne bønner, kidneybønner, tomater, bouillon, salt, oregano, knust rød peber, fennikelfrø, safran og ris. Dæk til og lad det simre i 30 minutter.
d) Rør svampe og artiskokhjerter i. Smag til, juster krydderier, tilsæt mere salt om nødvendigt.
e) Læg låg på og lad det simre i 15 minutter længere. Server straks.

68. Majs og peber Paella

INGREDIENSER:

- 1 spsk vegetabilsk olie
- 1 løg, finthakket
- 2 fed hvidløg, hakket
- 1 kop kortkornet ris
- ¼ teskefuld Gurkemeje
- 2 kopper varm grøntsagsfond
- ¼ tsk salt
- ¼ teskefuld Kværnet sort peber
- 1 Sød rød peber
- 1 Sød grøn peber
- 2 blommetomater
- 1 ½ kop Friske majskerner
- Frisk persille, hakket til pynt

INSTRUKTIONER:

a) I en stor nonstick-gryde eller en paellapande opvarmes vegetabilsk olie over medium varme. Tilsæt det hakkede løg, hakket hvidløg, ris og gurkemeje. Sauter i cirka 4 minutter eller indtil løget bliver mørt.

b) Rør den varme grøntsagsfond, salt og kværnet sort peber i. Bring blandingen i kog, reducer derefter varmen, læg låg på og lad det simre i 10 minutter.

c) Mens risene simrer, forbereder du peberfrugterne ved at skære dem i to på langs, og fjern kerne og hinde. Skær dem derefter i to på tværs og skær dem i strimler på langs. Udkern tomaterne og skær dem i stykker. Rør de tilberedte peberfrugter og tomater i gryden, dæk til og kog i yderligere 15 minutter, eller indtil risene er næsten møre.

d) Tilsæt de friske majskerner til gryden, læg låg på, og fortsæt med at koge i cirka 5 minutter, eller indtil væsken er fordampet.

e) Til servering pyntes paellaen med friskhakket persille. Nyd denne ret med en sprød rulle og en sprød marineret salat ved siden af.

69. Broccoli, Zucchini og Asparges Paella

INGREDIENSER:
- 5 kopper grøntsagsbouillon
- ¼ kop olivenolie
- 1 tomat, i tern
- 1 lille løg i tern
- 2 spsk hakket hvidløg
- En knivspids safran tråde
- 2 kopper Arborio ris
- ½ kop champignon i kvarte
- ½ kop skåret asparges
- ½ kop zucchini i tern
- ½ kop gul squash i tern
- ½ kop rød peberfrugt i tern
- ¼ kop broccolibuketter

INSTRUKTIONER:
a) Bring grøntsagsfonden i kog, og sluk derefter for varmen.
b) I en stor gryde varmes olivenolien op over medium varme. Tilsæt hakket tomat, løg og hakket hvidløg. Sauter indtil løget bliver gennemsigtigt, hvilket bør tage cirka 5 minutter.
c) Rør safranetrådene i. Tilsæt Arborio-risene og rør rundt for at beklæde dem med olien.
d) Hæld varm grøntsagsfond over risene, indtil de er dækket. Lad det simre og rør konstant, indtil fonden er absorberet. Gentag denne proces, indtil fonden er brugt op, eller risene er kogt til en let al dente tekstur, hvilket normalt tager omkring 15-20 minutter.
e) Rør svampe, asparges, zucchini, gul squash, rød peberfrugt og broccoli i.
f) Sluk for varmen og dæk gryden til, til grøntsagerne er gennemvarme.

70. Artiskok og nyrebønne Paella

INGREDIENSER:

- 1 spsk oliven- eller vegetabilsk olie
- 1 mellemstor løg, finthakket (ca. ½ kop)
- 2 fed hvidløg, finthakket
- 1 dåse Grøntsagsbouillon
- 1 kop ukogte almindelige langkornede ris
- 1 kop frosne grønne ærter
- ½ tsk stødt gurkemeje
- 2 dråber rød pebersauce
- 1 dåse Mørkerøde kidneybønner, skyllet og drænet
- 1 krukke (6 ounce) Marinerede artiskokhjerter, drænet

INSTRUKTIONER:

a) I en 12-tommer stegepande opvarmes oliven- eller vegetabilsk olie over medium-høj varme. Kog det hakkede løg og finthakket hvidløg i cirka 3 til 4 minutter, mens du rører jævnligt, indtil de bliver sprøde-møre.

b) Rør grøntsagsbouillon og ris i. Bring blandingen i kog, og reducer derefter varmen. Dæk gryden til og lad det simre i 15 minutter.

c) Rør de resterende ingredienser i, inklusive de frosne grønne ærter, stødt gurkemeje, rød pebersauce, mørkerøde kidneybønner (skyllet og drænet) og de drænede marinerede artiskokhjerter.

d) Kog uden låg i yderligere 5 til 10 minutter, under omrøring af og til, indtil ris og ærter er møre.

71. Paella med svampe og artiskok

INGREDIENSER:
- 2 kopper Calasparra ris
- 1 løg, finthakket
- 3 fed hvidløg, hakket
- 1 kop blandede svampe, skåret i skiver
- 1 kop artiskokhjerter i kvarte
- 1 rød peberfrugt i tern
- 4 kopper grøntsagsbouillon
- 1 tsk timian
- En knivspids safran tråde
- Salt og peber efter smag
- 1/4 kop olivenolie

INSTRUKTIONER:
a) I en paellapande opvarmes olivenolie ved middel varme. Tilsæt hakkede løg og hvidløg; sauter indtil de er bløde.
b) Rør Calasparra-ris i, dæk dem i olien og bland med løg og hvidløg.
c) Tilsæt skåret blandede svampe, kvarte artiskokhjerter og rød peberfrugt i tern.
d) Hæld grøntsagsbouillon og safranetråde i. Smag til med timian, salt og peber.
e) Kog til risene er næsten færdige. Dæk gryden til og lad det simre, indtil risene er gennemstegte.
f) Serveres varm.

72. Spinat og kikærtepaella

INGREDIENSER:
- 2 kopper Arborio ris
- 1 løg, finthakket
- 3 fed hvidløg, hakket
- 2 kopper babyspinat
- 1 dåse kikærter, drænet og skyllet
- 1 rød peberfrugt, skåret i skiver
- 4 kopper grøntsagsbouillon
- 1 tsk røget paprika
- En knivspids safran tråde
- Salt og peber efter smag
- 1/4 kop olivenolie

INSTRUKTIONER:
a) I en paellapande opvarmes olivenolie ved middel varme. Tilsæt hakkede løg og hvidløg; sauter indtil de er bløde.
b) Rør Arborio-ris i, dæk dem i olien og bland med løg og hvidløg.
c) Tilsæt babyspinat, kikærter og skåret rød peberfrugt.
d) Hæld grøntsagsbouillon og safranetråde i. Smag til med røget paprika, salt og peber.
e) Kog til risene er næsten færdige. Dæk gryden til og lad det simre, indtil risene er gennemstegte.
f) Serveres varm.

73. Paella med asparges og tomat

INGREDIENSER:
- 2 kopper Bomba ris
- 1 løg, finthakket
- 3 fed hvidløg, hakket
- 1 bundt asparges, skåret og skåret i stykker
- 1 kop cherrytomater, halveret
- 1 gul peberfrugt, skåret i skiver
- 4 kopper grøntsagsbouillon
- 1 tsk citronskal
- En knivspids safran tråde
- Salt og peber efter smag
- 1/4 kop olivenolie

INSTRUKTIONER:
a) I en paellapande opvarmes olivenolie ved middel varme. Tilsæt hakkede løg og hvidløg; sauter indtil de er bløde.
b) Rør Bomba-ris i, dæk dem i olien og bland med løg og hvidløg.
c) Tilsæt aspargesstykker, halverede cherrytomater og skåret gul peberfrugt.
d) Hæld grøntsagsbouillon og safranetråde i. Smag til med citronskal, salt og peber.
e) Kog til risene er næsten færdige. Dæk gryden til og lad det simre, indtil risene er gennemstegte.
f) Serveres varm.

74. Aubergine og oliven Paella

INGREDIENSER:
- 2 kopper Calasparra ris
- 1 løg, finthakket
- 3 fed hvidløg, hakket
- 1 aubergine, i tern
- 1 kop grønne oliven, skåret i skiver
- 1 rød peberfrugt i tern
- 4 kopper grøntsagsbouillon
- 1 tsk røget paprika
- En knivspids safran tråde
- Salt og peber efter smag
- 1/4 kop olivenolie

INSTRUKTIONER:
a) I en paellapande opvarmes olivenolie ved middel varme. Tilsæt hakkede løg og hvidløg; sauter indtil de er bløde.
b) Rør Calasparra-ris i, dæk dem i olien og bland med løg og hvidløg.
c) Tilsæt aubergine i tern, snittede grønne oliven og rød peberfrugt i tern.
d) Hæld grøntsagsbouillon og safranetråde i. Smag til med røget paprika, salt og peber.
e) Kog til risene er næsten færdige. Dæk gryden til og lad det simre, indtil risene er gennemstegte.
f) Serveres varm.

75. Broccoli og soltørret tomatpaella

INGREDIENSER:
- 2 kopper Arborio ris
- 1 løg, finthakket
- 3 fed hvidløg, hakket
- 1 broccolihoved, buketter adskilt
- 1/2 kop soltørrede tomater, skåret i skiver
- 1 gul peberfrugt i tern
- 4 kopper grøntsagsbouillon
- 1 tsk tørret oregano
- En knivspids safran tråde
- Salt og peber efter smag
- 1/4 kop olivenolie

INSTRUKTIONER:
a) I en paellapande opvarmes olivenolie ved middel varme. Tilsæt hakkede løg og hvidløg; sauter indtil de er bløde.
b) Rør Arborio-ris i, dæk dem i olien og bland med løg og hvidløg.
c) Tilsæt broccolibuketter, snittede soltørrede tomater og gul peberfrugt i tern.
d) Hæld grøntsagsbouillon og safranetråde i. Smag til med tørret oregano, salt og peber.
e) Kog til risene er næsten færdige. Dæk gryden til og lad det simre, indtil risene er gennemstegte.
f) Serveres varm.

76. Porre og svampe Paella

INGREDIENSER:
- 2 kopper Bomba ris
- 2 lægmænd, skåret i skiver
- 3 fed hvidløg, hakket
- 1 kop blandede svampe, skåret i skiver
- 1 rød peberfrugt i tern
- 4 kopper grøntsagsbouillon
- 1 tsk timian
- En knivspids safran tråde
- Salt og peber efter smag
- 1/4 kop olivenolie

INSTRUKTIONER:
a) I en paellapande opvarmes olivenolie ved middel varme. Tilsæt skåret porrer og hvidløg; sauter indtil de er bløde.
b) Rør Bomba-ris i, dæk dem i olien og bland med porrer og hvidløg.
c) Tilsæt skivede svampe, hakket rød peberfrugt og grøntsagsbouillon.
d) Smag til med timian, safran, salt og peber.
e) Kog til risene er næsten færdige. Dæk gryden til og lad det simre, indtil risene er gennemstegte.
f) Serveres varm.

77. Butternut Squash og Granatæble Paella

INGREDIENSER:
- 2 kopper Calasparra ris
- 1 løg, finthakket
- 3 fed hvidløg, hakket
- 1 butternut squash i tern
- Frø af 1 granatæble
- 1 appelsin peberfrugt, skåret i skiver
- 4 kopper grøntsagsbouillon
- 1 tsk kanel
- En knivspids safran tråde
- Salt og peber efter smag
- 1/4 kop olivenolie

INSTRUKTIONER:
a) I en paellapande opvarmes olivenolie ved middel varme. Tilsæt hakkede løg og hvidløg; sauter indtil de er bløde.
b) Rør Calasparra-ris i, dæk dem i olien og bland med løg og hvidløg.
c) Tilsæt butternut squash i tern, granatæblekerner og skåret orange peberfrugt.
d) Hæld grøntsagsbouillon og safranetråde i. Smag til med kanel, salt og peber.
e) Kog til risene er næsten færdige. Dæk gryden til og lad det simre, indtil risene er gennemstegte.
f) Serveres varm.

78. Paella med sød kartoffel og sorte bønner

INGREDIENSER:
- 2 kopper Bomba ris
- 1 løg, finthakket
- 3 fed hvidløg, hakket
- 2 søde kartofler i tern
- 1 dåse sorte bønner, drænet og skyllet
- 1 rød peberfrugt, skåret i skiver
- 4 kopper grøntsagsbouillon
- 1 tsk stødt spidskommen
- En knivspids safran tråde
- Salt og peber efter smag
- 1/4 kop olivenolie

INSTRUKTIONER:
a) I en paellapande opvarmes olivenolie ved middel varme. Tilsæt hakkede løg og hvidløg; sauter indtil de er bløde.
b) Rør Bomba-ris i, dæk dem i olien og bland med løg og hvidløg.
c) Tilsæt søde kartofler i tern, sorte bønner og skåret rød peberfrugt.
d) Hæld grøntsagsbouillon og safranetråde i. Smag til med stødt spidskommen, salt og peber.
e) Kog til risene er næsten færdige. Dæk gryden til og lad det simre, indtil risene er gennemstegte.
f) Serveres varm.

REGIONALE VARIATIONER

79. New Orleans Paella

INGREDIENSER:
- 1 hel kylling (ca. 3 pund), skåret i 12 stykker
- 2 tsk salt
- 2 tsk friskkværnet sort peber
- ½ kop olivenolie
- 2 kopper hakkede løg
- 1 kop hakket grøn peberfrugt
- 1 kop hakket selleri
- 6 spsk hakket hvidløg
- 3 spsk hakkede skalotteløg
- 1 ½ kopper hakket andouillepølse (ca. 12 ounces)
- 3 kopper ukogte langkornede hvide ris
- 1 ½ kopper skrællede, frøede, hakkede italienske tomater
- 1 spsk varm pebersauce
- 9 laurbærblade
- 3 spiseskefulde Emeril's Essence (se note nedenfor)
- ½ tsk safran tråde
- 6 kopper hønsefond
- 36 smallneck muslinger, skrubbede
- 36 muslinger, skrubbede og skæggede
- 18 mellemstore rejer (ca. ¾ pund), i deres skaller
- ¼ kop hakket persille

TIL PARMESAN URTECROUTONS:
- 4 skiver gammelt hvidt brød (8 gange 8 gange 1)
- 1 kop forberedt mayonnaise
- 1 kop revet parmesanost
- Hakkede friske krydderurter
- Salt, efter smag
- Friskkværnet sort peber efter smag

INSTRUKTIONER:

a) Drys kyllingestykkerne jævnt med salt og peber. Varm olivenolien op i en stor gryde ved høj varme. Tilsæt kyllingen og brun på alle sider, cirka 4 minutter.
b) Tilsæt løg, peberfrugt, selleri, hvidløg, skalotteløg, pølse og ris. Steg under omrøring i 2 minutter.
c) Rør tomater, varm pebersauce, laurbærblade, Emeril's Essence og safran i. Lad det simre i 1 minut.
d) Tilsæt hønsefond, rør godt rundt og bring det i kog. Sænk varmen, læg låg på og lad det simre i 5 minutter.
e) Tilsæt muslinger og kog i 5 minutter. Tilsæt derefter muslingerne og rejerne, læg låg på og kog i 3 minutter. Sørg for, at alle muslinge- og muslingeskaller er åbnet; kasser alt, der forbliver lukket.
f) Til parmesan-urtecroutonerne: Forvarm ovnen til 400 grader. Skær brødet i halve på langs og lav 8 store trekanter. Bland mayonnaise, parmesanost, krydderurter, salt og peber. Fordel blandingen på croutonerne og bag dem i ovnen, indtil de er gyldne, cirka 3 til 4 minutter.
g) Pynt paellaen med frisk persille og læg croutonerne ovenpå inden servering.

80. Vestindiske Paella

INGREDIENSER:
- 2½ pund kylling, skåret i 12 stykker (skåret bryster i 4 stykker)
- ⅓ kop spansk olivenolie
- 1 mellemstor løg, skåret i skiver
- 2 fed hvidløg, knust
- 1 grøn peber, skåret i 1" stykker
- ½ tsk salt
- 1 kop ukogte langkornede ris
- 1 kop stuvede tomater (eller dåse), skåret i stykker
- ¼ pund chorizo- eller hvidløgspølse
- 1 æsker rå rejer, pillede og rensede (valgfrit)
- 1 kop hønsebouillon
- 1 kop spansk sherry
- ¼ tsk spansk safran (valgfrit)
- 1 pakke frosne grønne ærter eller frosne artiskokhjerter (10 ounce)
- 1 æske muslinger (valgfrit)

INSTRUKTIONER:

a) Vask og tør kyllingestykkerne. Brun dem i opvarmet olivenolie i en stor stegepande, indtil de er gyldne på alle sider. Fjern kyllingen fra panden med en tang og stil den til side.

b) Tilsæt løg, knust hvidløg, grøn peber og salt i dryppene i gryden. Sauter indtil de er let brunede. Tilsæt safran og salt, og kog derefter til grøntsagerne er bløde.

c) Tilsæt risene og rør rundt, så de dækkes jævnt med olien. Kom kyllingen tilbage i gryden.

d) Tilsæt tomatstykker, chorizo, hønsebouillon, sherry og rejer (hvis du bruger). Bring blandingen i kog, sænk derefter varmen og lad det simre, tildækket, under omrøring af og til, i cirka 20 minutter, eller indtil halvdelen af væsken er absorberet.

e) Tilsæt de frosne ærter eller artiskokker og lad det simre i cirka 15 minutter længere, eller indtil alle ingredienserne er møre og det meste af væsken er absorberet. Hvis du bruger muslinger, kan du dampe dem i lidt vand, indtil skallerne åbner sig og bruge dem som pynt.

81. Vestafrikansk Jollof Rice Paella

INGREDIENSER:
- Kylling (1 hel kylling eller efter ønske)
- 6 mellemstore løg, hakket
- 6 grønne peberfrugter, hakket
- Rejer (ønsket mængde)
- ¾ kop hakkede gulerødder
- ¾ kop string bønner, brækket i stykker
- ¾ kop ærter
- 6 tomater, hakkede
- 1 tsk salt
- ½ tsk friskkværnet peber
- 1 tsk stødt timian eller 1 tsk tørret timian
- 4 kopper ris (eller som ønsket)
- ¼ kop tomatpure (eller mere)
- Olie til stegning
- 1 ½ tsk cayennepeber

INSTRUKTIONER:
a) Skind, udben og hak kyllingen i 1-tommers firkantede stykker. Brun kyllingen i olie i en tyk gryde eller en stor støbejernsgryde.
b) Tilsæt de hakkede løg og peberfrugter i gryden. Kog over medium varme i 5 til 10 minutter.
c) I en separat stegepande sauteres rejerne i en lille mængde olie. Forkog gulerødder, bønner og ærter (eller andre grøntsager efter eget valg), indtil de er cirka halvt færdige, hvilket bør tage cirka 5 minutter. Dræn de forkogte grøntsager.
d) Tilsæt de forkogte grøntsager til kyllingegryden sammen med rejer, hakkede tomater, salt, peber og timian. Reducer varmen til lav og lad det simre i 5 minutter.
e) Kombiner risene med tomatpuréen, og sørg for, at pastaen dækker riskornene uden at drukne dem. Risene skal have en orange farve; for meget tomatpure vil gøre den rød. Rør de overtrukne ris i gryden og fortsæt med at simre. Tilsæt vand sparsomt efter behov for at undgå forbrænding.
f) Fortsæt med at simre, indtil kød, ris og grøntsager er møre. Din Jollof Rice er klar til servering.

82. Paella alla Valenciana

INGREDIENSER:

- 8 kopper hønsefond
- ½ tsk safran
- ½ kop ekstra jomfru olivenolie
- 1 kanin, skåret i 8 stykker
- 8 kyllingelår
- 1 pund chorizo, skåret i 8 stykker
- 1 spansk løg, skåret i ½-tommers stykker
- 1 rød peberfrugt, skåret i ½-tommers stykker
- 1 grøn peberfrugt, skåret i ½-tommers stykker
- 10 fed hvidløg, skåret i tynde skiver
- 4 tomater, skåret i ½-tommers terninger, med saft og frø forbeholdt
- 3 spsk spansk paprika
- ½ kop ærter, skåret
- ½ kop Romano voksbønner, skåret i 1-tommers længder
- 2 ristede pimentoer, skåret i ½-tommers strimler
- 3 kopper kortkornet spansk eller italiensk Arborio ris
- 24 grønne valencianske oliven

INSTRUKTIONER:

a) Varm hønsebouillonen op med safran i kog og hold den varm.
b) Placer en 18-tommer til 22-tommer paellapande på åben ild eller vinafklip, en varm grill eller to brændere på et komfur.
c) Tilsæt ½ kop olie til gryden og varm den op. Krydr kaninstykkerne og kyllingen, læg dem i gryden, brun dem godt og fjern dem.
d) Tilsæt chorizo, løg, grøn og rød peberfrugt, hvidløg, tomater, paprika, ærter, bønner og peberfrugter. Rør over medium varme i 4 til 5 minutter.
e) Tilsæt risene og rør rundt i 3 til 4 minutter.
f) Hæld i al hønsefond og læg kanin og kyllingestykker og oliven i gryden. Kog uden omrøring indtil risene er færdige og væsken absorberet, hvilket tager cirka 20 minutter.

83. Paella i mexicansk stil

INGREDIENSER:
- 1 hel kyllingekylling, skåret i stykker
- 2 fed hvidløg
- ¼ kop olie
- 1 pund rå rejer
- 4 store tomater i skiver
- 1 pund ærter
- 12 artiskokhjerter
- 1½ kop brune ris
- 6 tråde safran
- 1 kop hakket løg
- 1 grøn peberfrugt i tern
- 1 rød peberfrugt i tern
- 1 tsk paprika
- 1 kop hvidvin
- 2 kopper vand

INSTRUKTIONER:
a) Brun kylling og hvidløg i olien. Når de er brunet, fjernes kyllingestykkerne i en stor ildfast fad.
b) Tilsæt rejer, skivede tomater, ærter og artiskokhjerter til gryderetten.
c) I den samme olie, der blev brugt til at brune kyllingen, sauter du de brune ris, safran, hakket løg og hakkede grønne og røde peberfrugter i cirka 7 minutter.
d) Tilsæt de sauterede ris og grøntsager til gryderetten. Drys paprika over ingredienserne.
e) Hæld i hvidvin og vand.
f) Bag gryderetten uden låg ved 350 grader Fahrenheit i cirka 1 time, eller indtil risene er helt kogte.

84. Kystspansk Paella

INGREDIENSER:
- 1 pakke spansk risblanding (6,8 ounce)
- 1 dåse tomater (14½ ounce)
- 2 spsk olivenolie
- 4 kopper gule løg, skåret i tern
- 1 grøn peberfrugt, skåret i skiver
- 6 ounce rejer, afskallede og kogte
- 8 fed hvidløg, hakket
- 2 kopper Ærter, frosne
- 2 spsk citronsaft
- 1 tomat, skåret i tern
- 16 muslinger, i skal
- 16 muslinger, i skal

INSTRUKTIONER:
a) Tilbered risblandingen med tomater i en stor gryde i henhold til pakkens anvisninger, men spring brugen af smør over og brug i stedet 1 spsk olivenolie til at brune risblandingen.
b) I en separat stegepande sauteres løg og grønne peberfrugter i den resterende 1 spsk olivenolie, indtil de er møre.
c) Tilsæt de kogte rejer og hakket hvidløg til gryden. Sauter i cirka 3 minutter længere ved middel varme.
d) Kom de frosne ærter og citronsaft i risblandingen. Kog lige indtil ærterne er gennemvarme.
e) Server risene toppet med tomatbåde og de valgfrie skaldyr.
f) For at forberede skaldyrene skal du kombinere muslinger og muslinger med ½ kop vand. Dæk til og bring i kog. Kog i 5 minutter eller indtil skallerne åbner sig.
g) Kassér alle skaldyr, der ikke åbner sig.

85. Pacific Paella

INGREDIENSER:

- 4 udbenede halvdele af kyllingebryst uden skind
- 1 tsk paprika
- 1 tsk salt
- ¼ tsk sort peber
- ¾ pund mild italiensk pølse
- 16 ounce dåsetomater, drænet og groft hakket (eller 20 soltørrede tomater, pakket i olie, drænet og hakket)
- 2 dåser hønsebouillon
- ½ tsk gurkemeje
- ¼ tsk safran
- 2 kopper ris
- 1 stort løg, skåret i tern
- 2 fed hvidløg, hakket
- 1 pund mellemstore rejer, pillede, deveirede og kogte
- 1 grøn peberfrugt, skåret i strimler
- 10 muslinger, renset og dampet

INSTRUKTIONER:

a) Skær kyllingebrystene i ½-tommers strimler. Bland paprika, salt og sort peber i en lille skål. Tilsæt kyllingen og rør indtil alt krydderi har arbejdet ind i kødet.

b) Skær pølsen i ¼-tommers stykker, og fjern hylsteret.

c) Dup tomaterne helt tørre med køkkenrulle, hvis du bruger soltørrede tomater. Tilsæt nok vand til kyllingebouillonen til at lave 3-¾ kopper. Bring denne blanding i kog i en 12-tommer stegepande.

d) Rør gurkemeje, safran, ris, løg, hvidløg, kylling, pølse og tomater i.

e) Dæk gryden til og lad det simre i 20 minutter.

f) Tag gryden af varmen, og rør de kogte rejer og grøn peber i. Top eventuelt med muslinger.

g) Lad paellaen stå tildækket indtil al væsken er absorberet, cirka 5 minutter.

86. catalansk Paella

INGREDIENSER:

- 1 kop langkornet ris
- ¼ kop olivenolie
- 4 kyllingestykker
- 1 løg, skåret i skiver
- 10 milliliter hvidløg, hakket
- ¼ pund kogt skinke, skåret i strimler
- ½ pund fast hvid fisk, skåret i store tern
- 12 store ukogte rejer
- 1 rød peberfrugt, udkernet, frøet og hakket
- 2 dåse pimientos, drænet og hakket
- 12 store muslinger
- 1 kop kogte grønne ærter
- 1 lille pakke frosne ærter, optøet
- En knivspids safran, udblødt i 2 spsk varmt vand i 30 minutter
- 2½ dl hønsefond
- Salt og peber efter smag

INSTRUKTIONER:

Varm olivenolien op i en paellapande eller en stor stegepande. Tilsæt kyllingen og steg forsigtigt, indtil den er brunet. Fjern kyllingestykkerne og stil dem til side.

Tilsæt snittet løg og hakket hvidløg på panden og steg, indtil løget bliver gennemsigtigt. Tilsæt derefter skinke og ris, og fortsæt med at stege under omrøring, indtil risene også bliver gennemsigtige. Fjern fra varmen.

Pil og fjern rejerne. Skrub muslingerne under rindende vand, kassér eventuelle åbne.

Blancher den røde peber i kogende vand i 1 minut.

Hvis kyllingestykkerne er store, halver du dem. Anret fisk, rød peber, kylling og ærter oven på risene i gryden. Stik muslingerne ned i gryden, og læg rejerne ovenpå.

Tilsæt den safran-infunderede væske til kyllingefonden, og hæld derefter bouillonen over alle ingredienserne. Smag til med salt og peber.

Bring blandingen i kog, reducer derefter varmen og lad det simre forsigtigt uden låg i cirka 20 minutter, eller indtil væsken er absorberet, og alle ingredienserne er kogte.

87. Paella i portugisisk stil

INGREDIENSER:
- 2 kyllinger (2 pund hver), skåret i 8 stykker hver
- ½ kop olivenolie
- 1 pund magert svinekød, skåret i 1-tommers stykker
- 2 kopper hakkede løg
- 2 fed hvidløg, knust
- ¼ tsk sort peber
- 1 tsk oregano
- 2 tsk salt
- 2 kopper langkornet ris
- ½ tsk safran
- 1 pund italiensk pølse
- 2 mellemstore tomater, hakket
- 1 laurbærblad
- 3 dåser (10 ¾ ounce hver) kondenseret kyllingebouillon
- 1 ½ pund store rejer, afskallede og udvundet
- 1 pakke (10 ounce) frosne ærter
- ½ krukke (4 ounce) pimentos
- 2 citroner, skåret i 8 tern

INSTRUKTIONER:

a) Tør kyllingestykkerne af med et fugtigt køkkenrulle. Varm olivenolien op i en stor stegepande og brun kyllingen, cirka 5 stykker ad gangen, indtil de er gyldne. Fjern den brunede kylling og stil den til side.

b) Kom svineterningerne i gryden og brun dem godt på alle sider. Fjern og stil dem til side.

c) Tilsæt de hakkede løg, knust hvidløg, sort peber og oregano til dryppene i gryden. Sauter i cirka 5 minutter, indtil løgene bliver gyldne.

d) Tilsæt salt, ris og safran i gryden. Kog under omrøring i cirka 10 minutter.

e) Imens brunes pølserne i en anden stegepande på alle sider, hvilket skal tage cirka 10 minutter. Dræn pølserne og kassér fedtet. Skær pølserne i mundrette stykker.

f) Læg den brunede kylling, pølse og svinekød i en bradepande.

g) Forvarm din ovn til 375 grader.

h) Tilsæt de hakkede tomater, laurbærblad og kondenseret hønsebouillon til risblandingen i gryden, og bring det i kog. Tilsæt rejerne.

i) Hæld risblandingen jævnt over kylling, svinekød og pølser i bradepanden. Bages, let dækket med folie, i 1 time.

j) Efter en time drysses de frosne ærter over toppen af paellaen uden at røre. Hvis blandingen virker for tør, kan du tilføje ½ kop vand. Bages i yderligere 20 minutter.

k) Til servering vendes paellaen på et rundt, opvarmet fad eller paellapande. Pynt med peberfrugter og citronbåde.

88. Sydvestlige Paella

INGREDIENSER:
- 2 kyllinger, skåret i serveringsstykker
- 2 tsk salt
- 1 tsk paprika
- 1 kop mel
- 1 kop olie
- ½ kop vand
- 1 pund skinke, skåret i mundrette stykker
- 1 mellemstor løg, hakket
- 1 kop peberfrugt, hakket
- 2 mellemstore tomater, skåret i tern
- 4 spiseskefulde vegetabilsk olie
- 3 kopper ris, gerne italienske
- 2 dåser (16 ounce) ærter, drænet (gem saften)
- Hønsefond
- ½ tsk safran
- 2 tsk varm pebersauce
- Salt
- 1 pund kogte rejer, muslinger, muslinger eller kammuslinger
- 2 ounce krukkeskåret pimiento

INSTRUKTIONER:

a) Tidligt på dagen skal du ryste kyllingen i en pose indeholdende en blanding af salt, paprika og mel.
b) Brun den meldrysede kylling godt i to gryder med ¼ kop olie i hver. Tilsæt ¼ kop vand til hver stegepande og steg kyllingen i 30 minutter.
c) Fjern kyllingen og brun skinken i den resterende olie. Læg det til side.
d) Senere på dagen sauterer du løg, peberfrugt og tomater i en ren stegepande i 4 spiseskefulde olie, indtil løget er gult.
e) Fjern løgblandingen og brun risene i den resterende olie, tilsæt mere olie, hvis det er nødvendigt.
f) Når risene er brunet, tilsæt løgblandingen, væsken fra ærterne plus hønsebouillon eller vand for at lave 6 kopper. Tilsæt safran, varm pebersauce og salt.
g) Kog risene, indtil de lige er gennemstegte.
h) Læg risene i en stor flad beholder og anbring kylling og skinke ovenpå.
i) Dæk til og kog i en 325°F ovn i cirka 30 minutter, mens du holder øje med risene.
j) Afdæk og drys ærter, skaldyr og pimiento over risene. Varm grundigt op og server.

89. Aragon Bjerg Paella

INGREDIENSER:

- 2 kopper Bomba ris
- 1/2 pund lam, skåret i stykker
- 1/2 pund kanin, skåret i stykker
- 1/2 pund svinepølse, skåret i skiver
- 1 løg, finthakket
- 1 rød peberfrugt, skåret i skiver
- 1 tomat, revet
- 1/2 kop grønne bønner, trimmet og halveret
- 1 tsk røget paprika
- 1/2 tsk safran tråde
- 4 kopper kylling eller grøntsagsbouillon
- Salt og peber efter smag
- 1/4 kop olivenolie

INSTRUKTIONER:

a) I en paellapande opvarmes olivenolie ved middel varme. Tilsæt hakkede løg og steg indtil de er bløde.
b) Tilføj lamme-, kanin- og svinepølse; brun på alle sider.
c) Tilsæt revet tomat og kog indtil det danner en sofrito.
d) Rør Bomba-ris i, læg det i sofrito.
e) Tilsæt rød peberfrugt og grønne bønner.
f) Drys røget paprika og safran tråde over risene.
g) Hæld kyllinge- eller grøntsagsbouillon i og smag til med salt og peber.
h) Kog til risene er næsten færdige. Dæk gryden til og lad det simre, indtil risene er gennemstegte.
i) Lad paellaen hvile et par minutter inden servering.

90. Baskisk Seafood Paella (Marmitako)

INGREDIENSER:
- 2 kopper Bomba ris
- 1 pund tun, skåret i stykker
- 1 løg, finthakket
- 2 fed hvidløg, hakket
- 1 rød peberfrugt, skåret i skiver
- 1 grøn peberfrugt, skåret i skiver
- 4 kopper fiske- eller skaldyrsbouillon
- 1/2 kop tør hvidvin
- 1/2 tsk Espelette peber eller paprika
- 1 laurbærblad
- Salt og peber efter smag
- 1/4 kop olivenolie

INSTRUKTIONER:
a) I en paellapande opvarmes olivenolie ved middel varme. Tilsæt hakkede løg og hvidløg; sauter indtil de er bløde.
b) Tilsæt tun stykker og steg indtil brunet på alle sider.
c) Rør Bomba-ris i, dæk dem i olien og bland med løg, hvidløg og tun.
d) Tilsæt skåret røde og grønne peberfrugter.
e) Hæld fiske- eller skaldyrsbouillon og hvidvin i. Smag til med Espelette peber eller paprika, laurbærblad, salt og peber.
f) Kog til risene er næsten færdige. Dæk gryden til og lad det simre, indtil risene er gennemstegte.
g) Lad paellaen hvile et par minutter inden servering.

91. Arroz a Banda - fra Alicante

INGREDIENSER:
- 2 kopper Bomba ris
- 1 pund lille blæksprutte eller blæksprutte, renset og skåret i skiver
- 1 løg, finthakket
- 2 fed hvidløg, hakket
- 1/2 kop hakkede tomater
- 1/2 kop tør hvidvin
- 4 kopper fiske- eller skaldyrsbouillon
- 1 tsk sød paprika
- En knivspids safran tråde
- Salt og peber efter smag
- 1/4 kop olivenolie

INSTRUKTIONER:
a) I en paellapande opvarmes olivenolie ved middel varme. Tilsæt hakkede løg og hvidløg; sauter indtil de er bløde.
b) Tilsæt skåret blæksprutte eller blæksprutte og kog indtil det begynder at farve.
c) Rør Bomba-ris i, overtræk det i olien og bland med løg, hvidløg og skaldyr.
d) Tilsæt hakkede tomater og kog indtil de danner en sofrito.
e) Hæld i hvidvin og lad det reducere.
f) Tilsæt fiske- eller skaldyrsbouillon, sød paprika, safranetråde, salt og peber.
g) Kog til risene er næsten færdige. Dæk gryden til og lad det simre, indtil risene er gennemstegte.
h) Lad paellaen hvile et par minutter inden servering.

92. Sefardisk Seafood Paella (Arroz de Pesaj)

INGREDIENSER:
- 2 kopper Bomba ris
- 1/2 pund helleflynder eller torsk, skåret i stykker
- 1/2 pund rejer, pillet og udvundet
- 1/2 pund calamari, renset og skåret i skiver
- 1 løg, finthakket
- 2 tomater, revet
- 4 kopper fiske- eller skaldyrsbouillon
- 1/2 kop tør hvidvin
- 1/2 tsk stødt spidskommen
- En knivspids safran tråde
- Salt og peber efter smag
- 1/4 kop olivenolie

INSTRUKTIONER:

a) I en paellapande opvarmes olivenolie ved middel varme. Tilsæt hakkede løg og steg indtil de er bløde.

b) Tilføj bidder af helleflynder eller torsk, rejer og skiver calamari; kog indtil fisk og skaldyr begynder at tage farve.

c) Rør Bomba-ris i, dæk dem i olien og bland med løg og skaldyr.

d) Tilsæt revne tomater og kog indtil de danner en sofrito.

e) Hæld i hvidvin og lad det reducere.

f) Tilsæt fiske- eller skaldyrsbouillon, stødt spidskommen, safranetråde, salt og peber.

g) Kog til risene er næsten færdige. Dæk gryden til og lad det simre, indtil risene er gennemstegte.

h) Lad paellaen hvile et par minutter inden servering.

FRUGGTIG PAELLA

93. Mango og Cashew Paella

INGREDIENSER:

- 2 kopper Bomba ris
- 1 løg, finthakket
- 3 fed hvidløg, hakket
- 1 moden mango i tern
- 1 kop cashewnødder
- 1 rød peberfrugt, skåret i skiver
- 4 kopper grøntsagsbouillon
- 1 tsk karrypulver
- En knivspids safran tråde
- Salt og peber efter smag
- 1/4 kop olivenolie

INSTRUKTIONER:

a) I en paellapande opvarmes olivenolie ved middel varme. Tilsæt hakkede løg og hvidløg; sauter indtil de er bløde.
b) Rør Bomba-ris i, dæk dem i olien og bland med løg og hvidløg.
c) Tilsæt mango i tern, cashewnødder og skåret rød peberfrugt.
d) Hæld grøntsagsbouillon og safranetråde i. Smag til med karry, salt og peber.
e) Kog til risene er næsten færdige. Dæk gryden til og lad det simre, indtil risene er gennemstegte.
f) Serveres varm.

94. Paella med ananas og kokos

INGREDIENSER:
- 2 kopper Calasparra ris
- 1 løg, finthakket
- 3 fed hvidløg, hakket
- 1 kop ananas stykker
- 1 kop kokosmælk
- 1 rød peberfrugt i tern
- 4 kopper grøntsagsbouillon
- 1 tsk gurkemeje
- En knivspids safran tråde
- Salt og peber efter smag
- 1/4 kop olivenolie

INSTRUKTIONER:
a) I en paellapande opvarmes olivenolie ved middel varme. Tilsæt hakkede løg og hvidløg; sauter indtil de er bløde.
b) Rør Calasparra-ris i, dæk dem i olien og bland med løg og hvidløg.
c) Tilsæt ananasstykker, kokosmælk og rød peberfrugt i tern.
d) Hæld grøntsagsbouillon og safranetråde i. Smag til med gurkemeje, salt og peber.
e) Kog til risene er næsten færdige. Dæk gryden til og lad det simre, indtil risene er gennemstegte.
f) Serveres varm.

95. Appelsin og mandel paella

INGREDIENSER:
- 2 kopper Arborio ris
- 1 løg, finthakket
- 3 fed hvidløg, hakket
- Skal og saft af 2 appelsiner
- 1 kop hakkede mandler
- 1 appelsin peberfrugt, skåret i skiver
- 4 kopper grøntsagsbouillon
- 1 tsk stødt koriander
- En knivspids safran tråde
- Salt og peber efter smag
- 1/4 kop olivenolie

INSTRUKTIONER:
a) I en paellapande opvarmes olivenolie ved middel varme. Tilsæt hakkede løg og hvidløg; sauter indtil de er bløde.
b) Rør Arborio-ris i, dæk dem i olien og bland med løg og hvidløg.
c) Tilsæt appelsinskal, appelsinjuice, skivede mandler og skåret orange peberfrugt.
d) Hæld grøntsagsbouillon og safranetråde i. Smag til med malet koriander, salt og peber.
e) Kog til risene er næsten færdige. Dæk gryden til og lad det simre, indtil risene er gennemstegte.
f) Serveres varm.

96. Æble og rosin paella

INGREDIENSER:
- 2 kopper Bomba ris
- 1 løg, finthakket
- 3 fed hvidløg, hakket
- 2 æbler i tern
- 1/2 kop rosiner
- 1 gul peberfrugt i tern
- 4 kopper grøntsagsbouillon
- 1 tsk kanel
- En knivspids safran tråde
- Salt og peber efter smag
- 1/4 kop olivenolie

INSTRUKTIONER:
a) I en paellapande opvarmes olivenolie ved middel varme. Tilsæt hakkede løg og hvidløg; sauter indtil de er bløde.
b) Rør Bomba-ris i, dæk dem i olien og bland med løg og hvidløg.
c) Tilsæt æbler i tern, rosiner og gul peberfrugt i tern.
d) Hæld grøntsagsbouillon og safranetråde i. Smag til med kanel, salt og peber.
e) Kog til risene er næsten færdige. Dæk gryden til og lad det simre, indtil risene er gennemstegte.
f) Serveres varm.

97. Figen og valnød Paella

INGREDIENSER:
- 2 kopper Calasparra ris
- 1 løg, finthakket
- 3 fed hvidløg, hakket
- 1 kop friske figner, i kvarte
- 1/2 kop valnødder, hakket
- 1 rød peberfrugt, skåret i skiver
- 4 kopper grøntsagsbouillon
- 1 tsk tørret timian
- En knivspids safran tråde
- Salt og peber efter smag
- 1/4 kop olivenolie

INSTRUKTIONER:
a) I en paellapande opvarmes olivenolie ved middel varme. Tilsæt hakkede løg og hvidløg; sauter indtil de er bløde.
b) Rør Calasparra-ris i, dæk dem i olien og bland med løg og hvidløg.
c) Tilsæt friske figner i kvarte, hakkede valnødder og skåret rød peberfrugt.
d) Hæld grøntsagsbouillon og safranetråde i. Smag til med tørret timian, salt og peber.
e) Kog til risene er næsten færdige. Dæk gryden til og lad det simre, indtil risene er gennemstegte.
f) Serveres varm.

98. Pære og Gorgonzola Paella

INGREDIENSER:
- 2 kopper Arborio ris
- 1 løg, finthakket
- 3 fed hvidløg, hakket
- 2 modne pærer i tern
- 1/2 kop Gorgonzola ost, smuldret
- 1 gul peberfrugt i tern
- 4 kopper grøntsagsbouillon
- 1 tsk rosmarin
- En knivspids safran tråde
- Salt og peber efter smag
- 1/4 kop olivenolie

INSTRUKTIONER:
a) I en paellapande opvarmes olivenolie ved middel varme. Tilsæt hakkede løg og hvidløg; sauter indtil de er bløde.
b) Rør Arborio-ris i, dæk dem i olien og bland med løg og hvidløg.
c) Tilsæt modne pærer i tern, smuldret Gorgonzola-ost og gul peberfrugt i tern.
d) Hæld grøntsagsbouillon og safranetråde i. Smag til med rosmarin, salt og peber.
e) Kog til risene er næsten færdige. Dæk gryden til og lad det simre, indtil risene er gennemstegte.
f) Serveres varm.

99. Hindbær og Brie Paella

INGREDIENSER:
- 2 kopper Bomba ris
- 1 løg, finthakket
- 3 fed hvidløg, hakket
- 1 kop friske hindbær
- 1/2 kop Brie ost, i tern
- 1 appelsin peberfrugt, skåret i skiver
- 4 kopper grøntsagsbouillon
- 1 tsk balsamicoeddike
- En knivspids safran tråde
- Salt og peber efter smag
- 1/4 kop olivenolie

INSTRUKTIONER:
a) I en paellapande opvarmes olivenolie ved middel varme. Tilsæt hakkede løg og hvidløg; sauter indtil de er bløde.
b) Rør Bomba-ris i, dæk dem i olien og bland med løg og hvidløg.
c) Tilsæt friske hindbær, brieost i tern og skåret orange peberfrugt.
d) Hæld grøntsagsbouillon og safranetråde i. Smag til med balsamicoeddike, salt og peber.
e) Kog til risene er næsten færdige. Dæk gryden til og lad det simre, indtil risene er gennemstegte.
f) Serveres varm.

100. Paella med kiwi og macadamianødder

INGREDIENSER:
- 2 kopper Calasparra ris
- 1 løg, finthakket
- 3 fed hvidløg, hakket
- 2 kiwi, skrællet og skåret i skiver
- 1/2 kop macadamianødder, hakket
- 1 grøn peberfrugt i tern
- 4 kopper grøntsagsbouillon
- 1 tsk limeskal
- En knivspids safran tråde
- Salt og peber efter smag
- 1/4 kop olivenolie

INSTRUKTIONER:
a) I en paellapande opvarmes olivenolie ved middel varme. Tilsæt hakkede løg og hvidløg; sauter indtil de er bløde.
b) Rør Calasparra-ris i, dæk dem i olien og bland med løg og hvidløg.
c) Tilsæt kiwi i tern, hakkede macadamianødder og grøn peberfrugt i tern.
d) Hæld grøntsagsbouillon og safranetråde i. Smag til med limeskal, salt og peber.
e) Kog til risene er næsten færdige. Dæk gryden til og lad det simre, indtil risene er gennemstegte.
f) Serveres varm.

KONKLUSION

Når vi når de sidste sider af "Ris, krydderier og alt det lækre-bibelen om paella", håber vi, at du har nydt eventyret i hjertet af spansk kulinarisk ekspertise. Uanset om du har genskabt klassiske paellaer eller eksperimenteret med innovative variationer, stoler vi på, at dine smagsløg har nydt essensen af Spanien.

Husk, paella er mere end bare en ret; det er en fejring af kultur, et vidnesbyrd om glæden ved at dele og et lærred for din kulinariske kreativitet. Mens du fortsætter dine kulinariske udforskninger, må Spaniens smage blive hængende i dit køkken og paellaens ånd berige dine madlavningsbestræbelser.

Tak fordi du var med på denne gastronomiske rejse. Må dine paellaer altid være fyldt med ris, krydderier og alt det gode. ¡Buen provecho!

www.ingramcontent.com/pod-product-compliance
Lightning Source LLC
Chambersburg PA
CBHW071328110526
44591CB00010B/1068